Andrej Korobeishchikov

METANOIA²
MAGISCHE
KOSMOS GEOMETRIE

Finde dich in
Raum und Zeit

Aus dem Russischen von Jana Heiß

SILBERSCHNUR VERLAG

Alle Rechte vorbehalten.
Außer zum Zwecke kurzer Zitate für Buchrezensionen darf kein Teil dieses Buches ohne schriftliche Genehmigung durch den Verlag nachproduziert, als Daten gespeichert oder in irgendeiner Form oder durch irgendein anderes Medium verwendet bzw. in einer anderen Form der Bindung oder mit einem anderen Titelblatt als dem der Erstveröffentlichung in Umlauf gebracht werden. Auch Wiederverkäufern darf es nicht zu anderen Bedingungen als diesen weitergegeben werden.

Copyright der Originalausgabe © by Andrej Korobeishchikov, 2016
Titel der Originalausgabe: »Метаноя. НАЙДИТЕ МЕНЯ. Светлая Волна. КНИГА 2«

Copyright der deutschen Ausgabe © 2021 Verlag »Die Silberschnur« GmbH

ISBN: 978-3-96933-012-8

1. Auflage 2021

Übersetzung: Jana Heiß
Umschlaggestaltung & Satz: XPresentation, Güllesheim; unter Verwendung verschiedener Motive von © diversepixel; shutterstock.com und © rawpixel.com/Freepik
Druck: Finidr, s.r.o. Cesky Tesin

Verlag »Die Silberschnur« GmbH · Steinstraße 1 · D-56593 Güllesheim
www.silberschnur.de · E-Mail: info@silberschnur.de

Inhalt

Chronik einer Expedition
Ein informativer Insiderroman   7

Erster Teil:
AKAN – EXO-T – Expedition in die Lichtschatten   35

Zweiter Teil:
Folge mir nach Hause ...   109

Der Autor drückt seine Dankbarkeit gegenüber all denjenigen aus, die an der Veröffentlichung dieses Buches mitgewirkt haben. Er bedankt sich für das Verständnis, die Hilfe und die freundliche Unterstützung!

www.korobeishchikov.com

Chronik
einer Expedition

EIN INFORMATIVER INSIDERROMAN

"Wenn ein Träumer beginnt, anderen Leuten die Geheimnisse zu erzählen, die sich ihm offenbart haben, bricht die leichte Verbindung zur anderen Realität unter dem Gewicht falscher Worte und fremder Zweifel zusammen: Denn was ist, wenn er doch alles erfunden oder zumindest manches der Schönheit willen zusammengedichtet hat?
– Und tschüss, ihr wunderschönen Visionen."[1]

Max Frei

---

1 Zitat frei übersetzt, Anm. d. Übers.

Vorwort

Die meisten Leute assoziieren alles, was mit der Welt der Schamanen zu tun hat, mit Trance, Wahnsinn, Ekstase und Chaos. In Wahrheit ist der Kosmos eines Schamanen weitaus geordneter als die Welt eines Stadtmenschen. Ein Schamane beschäftigt sich mit *Kraft* und dabei kann man sich keine Fehler erlauben. Der gewöhnliche Bürger versucht, die ihn umgebende Welt auf unendlich viele Weisen zu beschreiben. In Wirklichkeit hat er also nur eine vage Vorstellung davon, was tatsächlich um ihn herum geschieht. Der Kosmos des Schamanen ist von heiliger Geometrie durchzogen, die zu einem klaren Verständnis der kosmischen Strukturen führt. Die Welt der Stadtbewohner ist chaotisch, voll von Gedankenformen und undeutlichen Vorstellungen. Der Schamane gleicht eigentlich mehr einem Mathematiker, der sich an den *Zeichen* und *Regeln* entlang bewegt und dabei seine Umgebung aufmerksam im Auge behält. Im Gegensatz dazu gleicht der gewöhnliche Bürger eher einem leichtsinnigen Blinden, der sich mit wedelnden Armen vorwärtsbewegt.

"Wie sollen wir leben, wenn in unseren Herzen schon keine Menschen mehr wohnen?
Die Antwort liegt auf den sieben Hügeln, oh wie sehr will ich jetzt das Leben spüren.
Wie sollen wir leben, wenn das Wort 'glauben' bereits für immer gestorben ist?
Nur wenn du die Tür selbst schließt –
kannst du eine neue öffnen."[2]

Kukryniksy[3], "Vera" *(dt.: Glaube)*

---

2 Zitat frei übersetzt, Anm. d. Übers.
3 Name einer russischen Rockband, Anm. d. Übers.

Wir saßen am knisternden Ofen und wärmten uns mit einem heißen Tee. Danilytsch und ich. Der *Jäger* und der Schüler. Der Seher zeigte auf den *Rhombus*, den er auf das Papier gemalt hatte.

"Fünf Schritte der *Kraft* – das ist der *äußere Kreis*, über den du deinen Weg beginnst. Wenn du *vier* der Schritte durchlaufen hast, gelangst du in den *inneren Kreis*."

Der *Jäger* zeigte mit dem Finger auf den Punkt in der Mitte, der mit allen anderen Punkten verbunden war.

"Das ist der *fünfte Ring der Kraft* – 'DSHAL'. Der mystischste, geheimnisvollste *Ring* von allen."

Er schaute mich aufmerksam an.

"Du weißt, dass in der Welt der *Jäger* nichts endgültig ist. Jeder beliebige Punkt hat das Potenzial, zu etwas weitaus Größerem zu werden."

Der Seher zeichnete drei Punkte, die zusammen ein eigenes Symbol bildeten, in die Mitte des *Rhombus* und zog einen Kreis darum.

"Das ist das DSHAKSIN. Was das ist, musst du selbst herausfinden."

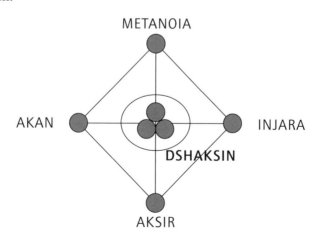

"Es scheint, dass alles so nah ist und atmet.
Und atmet ...
Es scheint, dass ich danach greifen und
überleben kann.
Es scheint, dass alles schon lange vergangen ist,
ich bin ausgebrannt.
Ich bin ausgebrannt ...
Es scheint, dass nicht alles scheinen sollte,
aber ich höre ..."[4]

Kukryniksy, "Vera"

---

4 *Zitat frei übersetzt, Anm. d. Übers.*

Eine afrikanische Geschichte

SCHWARZE SCHATTEN
AN EINEM HEISSEN MITTAG

"Um uns herum befindet sich etwas, das viele Leute nicht sehen. Deshalb führen sowohl die Leute als auch all das, was sich vor den Leuten verbirgt, ein ruhiges Leben. Sobald aber ein Mensch auftaucht, der SIE sehen kann ...", der Schamane machte nach dem Wort "SIE" eine kurze Pause, "fangen SIE ebenfalls an, diesen Menschen genau zu beobachten. Wenn dieser Mensch seine Sicht nicht kontrollieren kann, so kann ihm jemand von IHNEN Schaden zufügen."
...
"Aber warum wollen SIE mich töten? Weil ich SIE sehen kann?"
Schorchit schüttelte den Kopf.
"Nein. Die Tatsache, dass du sie sehen kannst, erleichtert ihnen nur die Aufgabe. Töten wollen sie dich ohnehin, unabhängig davon, ob du sie siehst oder nicht.
Es ist nur so, dass wenn du dich ihnen öffnest, sie auch dich sehen können und dadurch wird ihr Durst noch viel größer."

A. Korobejschtschikow, "SHIN-KAI"

Am Ufer des grenzenlosen mächtigen Ozeans lebte der Stamm derer, die man die *Fänger* nannte. Es waren einfache, hart arbeitende Leute, die vom Perlenfang lebten. Früh am Morgen begaben sie sich in ihren kleinen, schmalen Booten hinaus aufs große Gewässer. Sie sprachen ein kurzes Gebet, das an den Gott des *Ozeans* und an ihren irdischen Schutzherrn – den Leoparden Irimi – gerichtet war. Danach banden sie sich einen kleinen Stein ans Bein, wickelten ein zweites Seil um sich selbst und stürzten sich dann in die Tiefen des Wassers. Das Einzige, das sie bei sich hatten, waren Messer mit gekrümmten, scharfen Klingen und einen Korb für den Fang. Die Muscheln waren fest im Boden der Bucht verwachsen, man musste sie vom Schlamm befreien und mit dem Messer vom Stein schneiden. Anschließend wurden sie in den Korb gelegt und in die Boote gebracht. Und so ging es den ganzen Tag lang. In ihren Pausen saßen die *Fänger* am Ufer. Die tapferen Taucher massierten ihre Hände und Füße und genossen die wärmenden Sonnenstrahlen.

Eines Tages, während die *Fänger* wieder Pause machten, bemerkten sie am Ufer ein Flimmern in der Luft. Es war, als wäre kurz ein dunkler Schatten aufgetaucht und sogleich wieder in den Sonnenstrahlen verschwunden. Die *Fänger* griffen nach ihren Messern, obwohl ihnen bewusst war, dass sie gegen den Geist, der sie heimsuchte, mit Stahl nichts ausrichten könnten. Der Schatten kam immer näher. Schon begannen sich Umrisse abzuzeichnen. Es war ein kleiner Zwerg mit garstigen Gesichtszügen. In seinen Augen loderte ein helles Feuer, in das man nicht zu lange hineinblicken durfte.

Der Älteste der *Fänger* trat nach vorn und verneigte sich vor dem Dschinn.

"Wir begrüßen dich, *Geist*. Wir haben Essen und Wasser, nimm es als Zeichen unserer Gastfreundschaft."

Der Zwerg aber brach nur in Gelächter aus. Seine Stimme hatte einen widerwärtigen Klang und wirkte, als ertönte sie aus einem Verlies.

"Ich brauche euer Essen nicht. Ich bin wegen der Perlen hier."

Er nickte in Richtung des Sacks unter der Überdachung, in dem die auserlesenen weißen Kugeln lagen, die die Taucher auf dem Meeresgrund gesammelt und von ihren Muschelschalen befreit hatten.

Der *Fänger* breitete seine Arme aus.

"Das ist unser ganzer Fang. Wenn wir ihn dir geben, bleibt unserem Dorf nichts zum Überleben."

Aber der Dschinn war unerbittlich. Er schillerte kurz bunt auf, verschwand und erschien dann erneut vor den erschrockenen Tauchern.

"Euer Dorf wird von nun an mir gehören. Ihr werdet mir dienen."

Der Perlentaucher hob stolz seinen Kopf.

"Wir sind freie Schwimmer. Wir dienen niemandem! Irimi ist unser Schutzherr."

"Eure Schutzherren interessieren mich nicht", schrie der Dschinn, "von jetzt an gehört ihr mir. Mein Name ist IMU."

Die Taucher drängten sich um ihre Boote und zitterten vor Angst. Übersetzt bedeutete dieser Name "Dunkelheit" oder "Dämmerung". Der Dschinn glitt wie eine schwarze Schlange vorwärts und machte sich zum Sprung bereit.

"Wo war ich, als du mich gesehen hast?", fragte er den ältesten Schwimmer. Dieser zeigte verwirrt auf die sandige Böschung, die sich einige Meter entfernt befand.

"Dort."

In einer schnellen Bewegung umhüllte der Zwergengeist den Kopf des Mannes und schlüpfte wie eine schwarze Wolke, die in nassem Sand verschwand, durch seinen Mund, seine Nase, seine Ohren und Augen in ihn hinein. Der Schwimmer fiel zu Boden und erstarrte. Seine Haut verfärbte sich gelblich. Die übrigen Taucher wollten sich dem leblosen Körper nicht nähern, da sie davon ausgingen, dass er tot war. Kurze Zeit später zuckte der "Tote" und öffnete die Augen. Sie spiegelten aber nicht mehr das frühere Leben wider, sie waren so schwarz wie die Tinte, die ein Riesenkrake unter extremem Schock ausstößt. Er erhob sich auf die zittrigen Beine und öffnete weit seinen Mund, als wollte er Essensreste ausspeien. Einen Augenblick später schwebte die schwarze Wolke wieder vor der erschrockenen Gruppe.

"Ich nenne dich Nkemdilim. Du wirst mein Dorf anführen."

Der Zwergenschatten wandte sich einem anderen Schwimmer zu.

"Und du, wo hast du mich gesehen?"

Der junge Mann war so verängstigt, dass er kein Wort herausbrachte. Er zeigte lediglich mit dem Finger auf die gleiche Stelle, wie der neu erwachte Nkemdilim. Sofort ereilte den jungen Schwimmer sein Schicksal. Pfeilschnell ergriff der Schatten Besitz von ihm. Und so geschah es wieder und wieder. IMU tötete sie einen nach dem anderen, um sie danach wiederzuerwecken und zu seinen Sklaven zu machen. So ging es weiter, bis ein junger Taucher an der Reihe war, der direkt verstanden hatte, worum es hier ging. Er hatte erkannt, dass der Dschinn eine riesige Gier nach Ehrerbietung und Macht verspürte. So senkte er also seinen Kopf, um dem Schatten nicht in die Augen zu sehen, und sagte:

"Ich habe euch schon von weitem gesehen, Meister IMU!"

Der Zwerg war zufrieden.

"Wie heißt du?"

"Godlumtakati."

"Gut. Dafür werde ich dich belohnen. Geh und nimm dir die größte Perle aus dem Sack. Danach wirst du mich in dein Dorf führen."

Der Schwimmer verneigte sich und lief zu der Überdachung, unter der der Sack mit den Perlen lag. Während der Taucher so tat, als würde er den Sack durchsuchen, um die größte Belohnung zu finden, beobachtete er den Dschinn aus den Augenwinkeln. Dann machte er ein verwirrtes Gesicht und wandte sich dem in der Luft schwebenden schwarzen Schatten zu.

"Meister IMU, das hier sind nicht alle Perlen. Einen Teil des Fangs haben wir auf dem Meeresgrund zurückgelassen. Sie sind viel größer als diese hier – jede der Perlen dort ist wie ein Stern am Nachthimmel. Wenn der Meister es erlaubt, werde ich hinuntertauchen und den Rest des Fangs hierherbringen."

Der Zwerg namens "Dämmerung" zeigte sich zufrieden. Großzügig gestattete er dem Taucher, sich in eines der Boote zu setzen und in die Bucht hinauszufahren. Godlumtakati ruderte weit hinaus, füllte dann seine Lungen mit Luft und tauchte ins Wasser. Er hatte den Dschinn belogen und ihn mit seiner Gier geködert. Jetzt war er unter Wasser, tauchte aber nicht zum Grund hinab, wo die schlammigen, scharfkantigen Muscheln funkelten, sondern schwamm weg von diesem verfluchten Ort. Als er wieder auftauchte, lag die Bucht mit den gelbhäutigen und schwarzäugigen Toten in weiter Ferne. Er erreichte das Ufer, bat um die Kraft und Gewandtheit des Leoparden Irimi und rannte so schnell er nur konnte los in Richtung seines Dorfes. Er musste die Frauen und Kinder warnen und ihnen klarmachen, dass sie nicht länger bleiben konnten. Dass sich ein schreckliches Wesen auf ihrem Land befand, das Perlen, Ehrfurcht und Macht liebte und das sich den menschlichen Verstand Untertan machen konnte. So schnell war Godlumtakati in seinem Leben noch nie gerannt. Es schien, als befände sich der Geist des Leoparden, der die Siedlung vor jeglicher Art von Unheil beschützte, tatsächlich in seinem Körper. Hinter den Baumstämmen tauchten bereits die ersten Hütten auf ...

Prolog

DIE STÄRKSTEN ARME DER WELT

(Moskau, Herbst 2014)

"Auch eine kaputte Uhr zeigt manchmal die richtige Zeit."[5]

Milorad Pavi , "Koni svjatogo Marka"
(dt.: "Die Pferde des Heiligen Mark")

Der Junge saß auf der Fensterbank und schaute hinaus auf die regnerische herbstliche Landschaft des Krankenhausparks. Von all dem war ihm wirklich zum Weinen zumute. Die verwelkende Natur draußen vorm Fenster, die trostlose Stimmung im Krankenzimmer, der reglose Körper des Vaters auf dem Bett, der starr unter den Sensoren medizinischer Geräte lag, die dem Jungen nichts sagten. Doch er konnte es sich nicht erlauben zu weinen.

---

5 *Zitat frei übersetzt, Anm. d. Übers.*

Zumindest nicht hier im Krankenhaus. Zu Hause aber würde er sich ein paar Minuten nehmen, um in sein Kissen zu weinen. Heimlich. Damit Mama es nicht mitbekommen würde. Hier aber ... Im Fensterglas sah er wieder das Spiegelbild des Krankenbetts mit der hilflosen Gestalt seines Vaters darin. Dabei hatte er sich doch absichtlich zum Fenster gedreht, damit er seinen Vater nicht in diesem Zustand sehen musste. Doch sogar vor dem Hintergrund der gelben Bäume und des grauen Himmels konnte er ihn sehen. Der Junge nahm einen tiefen Atemzug und löste so einen schmerzhaften Knoten in seiner Kehle, während er verstohlen ein paar Tränen über seine Wangen kullern ließ. Es war schrecklich, seinen Vater so zu sehen – er lag in der Ecke des Zimmers wie eine kaputte Puppe ohne Batterien, die ein Riese, der nicht mehr mit ihr spielen wollte, dorthin geworfen hatte. Für den Jungen fühlte es sich an, als wäre das ganze Universum zusammengebrochen. Denn bis zu diesem Zeitpunkt lag dem Universum das unumstößliche Gesetz zugrunde, dass Papa der Allerstärkste war, dass Papa mit jedem Problem fertig wurde und dass Papa immer da sein würde. Der Junge schloss seine Augen, um die Tränen zu unterdrücken, doch dadurch schienen sie auf verräterische Weise nur noch mehr zu werden. Durch die geschlossenen, tränengefüllten Augenlider konnte er nichts mehr sehen. Aber irgendwo in seinen inneren Weiten spielte sich wieder und wieder derselbe Ausschnitt aus dem Familienkino ab – die deutlichste Erinnerung aus seiner Kindheit: Der kleine Junge spielt mit anderen Kindern im Sandkasten, als ein Auto in den Hof hereinfährt. Alle schauen sogleich zum Auto hin. Es hält vor der Einfahrt und Papa steigt aus. Der Junge schreit vor Freude auf und rennt auf ihn zu, wobei er Sand aufwirbelt, der die anderen Kinder bedeckt. Der Vater beugt sich herab und breitet seine Arme aus – die stärksten Arme der Welt. Der Junge springt vom Boden ab, diese Arme umschließen ihn sanft und zugleich stark und heben ihn hoch. Dem Jungen bleibt die Luft weg, aber er weiß: Diese Arme werden ihn niemals loslassen, weil es die verlässlichsten Arme der *Welt* sind. Lächelnd blickt sein Papa ihm in die Augen und drückt ihn fest an sich.

Da hielt es der Junge nicht mehr aus und fing an zu schluchzen, während er sich zur Krankenliege umdrehte. Kaum hörbar murmelte er:

"Papa, komm zurück!"

Aber sein Vater blieb still, hielt die Augen geschlossen, als würde er schlafen. Der Junge wusste aber, dass es kein Schlaf war. Er wusste, dass sich sein Papa einfach irgendwo verirrt hatte und dass er dringend gerettet werden musste. Er kletterte von der Fensterbank herunter, ging zum Bett und setzte sich neben ihn. Seine kleine Hand tastete nach der großen.

"Papa, ich werde dich niemals verlassen. Wenn es sein muss, werde ich dir bis ans Ende der Welt folgen. Ich werde dich finden und nach Hause bringen. Und dann werden wir wieder zusammen sein."

Der Junge flüsterte diese Worte wie ein Gebet in der Hoffnung, dass sein Vater sie hören würde. Dass er sie hören und zur Antwort seine kleine Hand drücken würde. Er hatte sogar den Eindruck, dass sich sein Vater ganz leicht bewegte, kaum wahrnehmbar zitterte, so als hätte er die Worte vernommen. Der Sohn erstarrte und wartete hoffnungsvoll auf irgendein Zeichen des reglosen Körpers. Doch nichts passierte.

Plötzlich schien es dem Jungen, als wäre es im Zimmer ganz kurz etwas dunkler geworden. Als hätte jemand eine Sekunde lang mit einer riesigen Hand die Lampe verdeckt. Er spürte eine kühle Welle auf seiner Haut, wie ein Lufthauch vom Fenster. Dann war alles wieder wie zuvor.

Er schaute zurück zu seinem Vater und flüsterte:

"Ich liebe dich so sehr ..."

Und als niemand es sehen konnte, presste er die Lippen auf seine Hand.

– METANOIA –

DER HEXER
SPIELCHEN MIT HEXEN

(Nigeria, Afrika)

Witalij R.

"Afrika ist schrecklich,
Ja-ja-ja!
Afrika ist gefährlich,
Ja-ja-ja!
Geht nie nach Afrika,
Kinder, niemals!"[6]

Kornei Tschukowski, "Barmalej"

Der staubige Range Rover, der von der Mittagssonne glühend heiß war, kam wie angewurzelt zum Stehen. Ich öffnete meine

---

6 Quelle der Übersetzung: https://books.google.de/books?id=vcKAD-QAAQBAJ&pg=PA278&lpg=PA278&dq#v=onepage&q&f=false

Augen und schaute aus dem vom Straßenstaub schmutzigen Fenster. Noch ein Stau. Lagos war überfüllt mit Autos, als hätten sich die Autofahrer aus der ganzen Welt hier eingefunden. Tschiratidso, mein Jeepfahrer und afrikanischer Begleiter, der fließend Russisch sprach, drehte sich zu mir um und lächelte, wobei er zwei weiße Zahnreihen entblößte.

"Schlaf ruhig, Wit, das wird dauern."

Der Einfachheit halber hatten wir uns darauf geeinigt, uns Wit und Tschir zu nennen. Ich brummelte etwas und wischte mir das schweißnasse Gesicht ab – die Klimaanlage im Auto funktionierte nicht, und statt frischer Luft strömte der Geruch von Benzin, Staub und Asphalt durch die leicht geöffneten Fenster herein.

"Hier könnte man wirklich einschlafen."

Der Fahrer nickte zustimmend. Obwohl wir schon am frühen Morgen vom Hotel losgefahren waren, befanden wir uns bereits einen halben Tag lang in den Fängen der Staus. Ich holte eine Flasche mit Wasser aus meiner Tasche, öffnete sie und schüttete mir gierig das Wasser in den Hals. Es war zwar schon warm, aber die Trockenheit im Mund war so unerträglich, dass ich auch über das warme Wasser froh war. 'Wie gut, dass ich daran gedacht habe, Wasser und Snickers aus dem Hotel mitzunehmen', dachte ich. Was das hiesige Essen betraf, so aß ich nur das Essen im Hotel, das gut bekömmlich war. In Straßenbuden zu essen war höchst riskant. Vom örtlichen Wasser ganz zu schweigen. Man sollte Wasser nur aus Flaschen trinken, und auch nur dann, wenn man sie im Hotel oder in einem großen Einkaufszentrum gekauft hatte.

Das Auto setzte sich in Bewegung, nur um nach zehn Metern wieder zum Stehen zu kommen, eingequetscht zwischen all den anderen Fahrzeugen. Da es nichts zu tun gab, begann ich, mich ein wenig umzusehen. Die dichten Autoschlangen ergaben ein zusammenhangloses Bild: Neben dem schicken schwarzen Mercedes standen ein heruntergekommener Kleinbus und einige Semi-Sportwagen von vor dreißig Jahren. Motorräder und Motorroller besetzten den gesamten freien Platz in der Nähe. Direkt vorm Auto lief ein Straßenverkäufer mit einer Thermobox über der Schulter vorbei. Mein Fahrer drehte sich um:

"Wit, willst du ein Bier?"

Ich nickte. Das Bier hier war lecker. Tschir hupte, um den Verkäufer auf sich aufmerksam zu machen. Er lehnte sich aus dem Fenster und gab ihm ein paar zerknitterte Naira. Eine Minute später hielt ich eine feuchte, kalte Flasche "Gulda" in meinen Händen.

Einige Stunden später hatten wir es trotz allem schließlich geschafft, aus der Stadt herauszukommen.

Diese Straße war nicht ganz so stark befahren wie in der Stadt, aber dennoch ziemlich überfüllt. Ich war gerade dabei, einzuschlafen und ein kleines Nickerchen zu machen, um so der Hitze zu entfliehen, als das Auto plötzlich ruckelte und dann an den Straßenrand fuhr.

"Der Reifen. Ich richte das sofort."

Der Range Rover rollte vom Asphalt und hielt vor einem wackeligen Zaun. Ich lehnte mich aus dem Fenster. Wir befanden uns in irgendeinem kleinen Dorf. Ich öffnete die Tür und folgte Tschir, der seine verspannten Muskeln lockerte, nach draußen. Er beugte sich in den Kofferraum, um Werkzeug und den Ersatzreifen zu holen. Ich sah mich währenddessen um. Unser unvorhergesehener Stopp hatte uns an einen äußerst trostlosen und vermüllten Ort geführt. Die kleinen Häuser glichen Baracken, die vermutlich hastig aus allem, was gerade so zur Hand gewesen war, zusammengebaut worden waren: Pappe, Sperrholz, Bretter, Kunststoff. Als Erstes fiel aber die enorme Menge an Müll rundherum ins Auge. Es gab so viel davon, dass es nicht wirkte, als würde das Dorf im Müll versinken, sondern vielmehr als wären die Hütten irgendwie versehentlich inmitten dieser großen Müllhalde aufgetaucht. Alle Hütten standen auf Stelzen und waren mit langen Brettern verbunden. Kleine Kinder rannten darauf herum, gelegentlich liefen erwachsene Dorfbewohner vorsichtig darüber. Ich machte ein paar Schritte nach vorne. Tschir bemerkte es, lehnte sich aus dem Jeep heraus und rief:

"Wit, bleib, wo du bist. Bleib in der Nähe. Ich bin fast fertig."

Ich blieb stehen. Man konnte sowieso nicht wirklich irgendwohin gehen. Absolut überall war Müll. Der Geruch von Abfall und geräuchertem Fisch hing schwer in der Luft.

"Wahnsinn", murmelte ich, als ich angewidert die Umgebung betrachtete. Ein kleiner nigerianischer Junge zog meine Aufmerksamkeit auf sich, er saß auf einer der Holzplatten ganz in meiner Nähe. Er war noch sehr klein, höchstens zwei Jahre alt. Einen so kleinen Jungen würde man in Russland wohl kaum so einfach allein auf der Straße lassen. Der Junge sah schrecklich aus: Er hatte unglaublich dünne Beinchen und Ärmchen, sein schmutziger Kopf baumelte auf dem dünnen Hals von einer Seite zur anderen, weiter unten ragte ein unnatürlich großer Bauch hervor. Er war offensichtlich krank und hatte höchstwahrscheinlich schon lange nichts mehr gegessen. Unsere Blicke trafen sich und ich erstarrte. Seine Augen spiegelten ein tief sitzendes Grauen und drückten eine solche Hoffnungslosigkeit aus, wie sie vermutlich nur bei zu Tode Verurteilten zu sehen ist. Kinder können nicht so schauen! Ein paar Augenblicke lang stockte mir der Atem. Aus meinem Inneren stiegen eine solche Schwermut und ein durchdringendes Mitleid auf, dass mir regelrecht schwarz vor Augen wurde. Augenblicklich musste ich an meinen Sohn denken, als er in diesem Alter gewesen war, und mir wurde ganz schlecht. Für eine Sekunde stellte ich mir vor, wie er irgendwo so dasaß, von allen verlassen, krank, verschreckt und hungrig. Ich biss die Zähne zusammen und spürte einen Schmerz in meinen Wangenknochen. In diesem Moment tauchte eine Schar von Kindern auf der Holzplatte auf, die im Vergleich zu dem kleinen Unglücklichen schon ein bisschen besser aussahen. Eine von ihnen, ein Mädchen von etwa fünf Jahren, rannte auf den kleinen Jungen zu, blickte mich an und versetzte ihm dann lachend einen Tritt mit dem Fuß. Der Kleine flog einen Meter hoch in die Luft und landete direkt in einem Müllhaufen. Ich schrie die Kinder an. Diese rannten ein paar Meter zurück und schauten mich dann neugierig an. Als Tschir meinen Schrei hörte, rannte er hinter dem Auto hervor. Der Kleine versuchte noch nicht einmal aufzustehen. Er hatte anscheinend keine Kraft dafür. Ich rannte auf ihn zu und ignorierte Tschiratidsos Warnrufe. Verschiedene intensive Gefühle verschmolzen in meinem Bewusstsein zu einer Einheit: Ich verspürte Mitleid mit diesem kleinen Wesen, Fassungslosigkeit über die unverhohlene Aggression und Gleichgültigkeit der Kinder, die selbst nicht viel älter waren als der Junge, und eine Art unmenschliche Wut, von der ich überhaupt nicht sagen konnte, gegen wen sie gerichtet war.

"Wit, geh nicht zu ihm!", brüllte Tschir und fuchtelte beunruhigt mit den Armen. Aber ich hörte ihn schon nicht mehr. Der Kleine lag vor mir auf dem schmutzigen Boden, ich nahm nichts mehr wahr außer seinem dünnen, ausgezehrten kleinen Körper. Ich ging zu ihm hin und kniete mich vor ihn. Er lag ganz ruhig da und schaute mich nur an. In seinem Blick lag nach wie vor eine zähe Angst, gleichzeitig war darin aber auch eine völlige Hingabe an die Umstände zu erkennen. Ich schaute ihn genau an, ignorierte den Ekel und ließ meine Hände unter seinen Körper gleiten, hob ihn vom Boden und drückte ihn an mich. Hinter mir kam Tschir angerannt und packte mich am Ärmel.

"Wit, leg ihn wieder hin. Das geht uns nichts an. Die Leute hier haben ihre eigenen Regeln. Er ist sowieso verdammt."

Ich sah meinen Begleiter überrascht an.

"Tschir, hast du etwa den Verstand verloren? Das ist ein kleines Kind! Es muss ins Krankenhaus!"

In den unruhigen Augen des Fahrers stand ebenfalls Angst geschrieben.

"Im Krankenhaus wird man ihn nicht aufnehmen, Wit. Er ist verdammt. Lass es sein. Lass ihn hier. Wir fahren weiter!"

Ich sah das kleine Kerlchen an. Er war federleicht und leistete keinerlei Widerstand. Ich erinnerte mich wieder daran, wie ich meinen kleinen Iljuschka in den Armen gehalten hatte. Wut, unerwartete Zärtlichkeit und absolute Verwirrung sprudelten in mir auf. Ich ging zum Auto. Tschir lief mir hinterher und fluchte auf Englisch, murmelte etwas über das verfluchte Rad und die Teufel, die unser Auto genau an dieser Stelle angehalten hatten. Vor dem Jeep blieb ich stehen und legte den Jungen auf das staubige Gras. Ich öffnete das Auto und holte die Wasserflasche aus der Tasche. Seine ausgetrockneten Lippen nahmen gierig die belebende Flüssigkeit auf. Er schien ein wenig zum Leben zu erwachen und griff nach der Flasche, als ich sie von ihm wegzog.

"Warte, mein Kleiner, es ist nicht gut, so viel auf einmal zu trinken. Gleich bekommst du noch ein bisschen mehr."

Tschir beugte sich zu mir herunter, zog mich am Hemd und flüsterte wütend:

"Wit, wir müssen los. Es ist gefährlich hierzubleiben. Lass ihn hier. Du wirst sonst ein Unheil heraufbeschwören."

Ich drehte mich erneut zu meinem Begleiter um.

"Was für ein Unheil? Was meinst du mit hierlassen? Tschir, du bist doch ein Mensch oder etwa nicht? Er ist noch so klein."

Der Fahrer wirkte etwas betreten und flüsterte:

"Es gibt hier Dutzende wie ihn. Du solltest ihn nicht anfassen."

"Warum nicht?"

"Er ist ein Hexer. Er wurde absichtlich zum Sterben hier gelassen."

"Ein Hexer?? Was redest du da?"

In diesem Moment rannten ein paar einheimische Frauen und Männer hinter dem Zaun hervor. Sie stellten sich um uns herum auf und fingen an, laut zu schreien. Der Intonation nach zu urteilen, musste es sich um irgendwelche Drohungen und Beleidigungen handeln. Einer der Männer kam näher und packte den Kleinen grob am Bein, zog ihn und schleifte ihn davon, zerrte ihn wie einen Müllsack über den Boden. Ich sprang auf. Mir wurde schummrig und ich bemerkte, wie meine Umgebung in einen burgunderfarbenen Nebel eingehüllt wurde.

"Halt, du Mistkerl!"

Ich schnellte nach vorn und brachte den Mann mit einem Tritt zu Boden. Er fiel in den Staub und ließ den glücklosen Körper des dunklen Menschleins los. Ich schnappte den Jungen und drückte ihn wieder an mich.

"Ihr Schweinehunde, was tut ihr da?"

Tschiratidso schlug die Hände über dem Kopf zusammen, rannte dann aber herbei und stellte sich zwischen mich und die Menge. Er erklärte ihnen etwas in der Landessprache. Die Versammelten waren wütend. Sie spuckten in meine Richtung und gaben mir mit Zeichen zu verstehen, dass ich ihnen den Jungen geben oder ihn zumindest auf den Boden legen sollte. Ein englisches Wort drang zu mir durch: "töten". Ich drückte das entkräftete Kleinkind noch fester an mich, spürte, wie es sich selbst kaum merklich an mich schmiegte, an die letzte Hoffnung auf Leben in dieser Welt voller Schmerz und Hass.

"Wit, gib ihnen den Jungen!", Tschiratidso war offensichtlich verzweifelt und verängstigt. So hatte ich meinen Begleiter noch nie gesehen.

"Ich werde ihn nicht hergeben!", mittlerweile wusste ich ganz genau, dass ich bis zum Letzten um diesen Jungen kämpfen würde. "Was hat er ihnen getan?"

"Sie sagen, dass seine Mutter eine Hexe war. Man hat sie hier in der Nähe mit Stöcken zusammengeschlagen und ihre Seele ist in ihren Sohn übergangen. Sie glauben daran. So sind die Bräuche hier, Wit. Du kannst nichts ändern."

Ich sah den Leuten, die um mich herum standen, in die Augen. Hass und Angst stand darin geschrieben.

"Ich werde ihn mitnehmen. Er muss ins Krankenhaus. Bring uns von hier weg, Tschir."

Der Fahrer wandte sich zum Auto, doch es war schon von ein paar Männern umringt.

"Sie werden uns nicht gehen lassen."

"Sag ihnen, dass ich ihnen Geld geben werde. Ich kaufe ihnen den Jungen ab!"

Tschiratidso schüttelte den Kopf.

"In ihren Augen wäre dieses Geld verflucht. Sie glauben an schwarze Magie. Sie sagen auch, dass der Fluch der Hexe auf demjenigen lasten wird, der ihren Sohn rettet. Wenn sie Geld für ihn annehmen, wird der Fluch auf ihre Häuser übergehen."

"So ein Blödsinn, scheiße ...", ich blickte mich um in der Hoffnung, irgendwo die Polizei zu sehen. Es war ja wohl nicht möglich, dass auch die Polizei an solch einen Unfug glaubte.

Mein Fahrer redete immer noch auf die aufgeregten Bewohner ein, aber diese drängten ihn zunehmend zur Seite.

"Tschir, ruf die Polizei!"

Der Fahrer schüttelte nur den Kopf, während er weiterhin die Dorfbewohner zurückhielt.

"Hier gibt es keine Polizei ..."

Dann traf ich die einzige Entscheidung, die mir einfiel.

"Tschir, ich werde dir alles Geld geben, das ich habe. Und aus Moskau werde ich noch viel mehr schicken. Bring den Kleinen ins städtische Krankenhaus nach Lagos! Los, lass uns von hier verschwinden!"

Ich rannte zum Auto und trat mit dem Fuß nach einem Mann, der sich mir in den Weg gestellt hatte. Die Menge hinter mir brüllte los. Ich öffnete die Tür und legte den Kleinen auf den Rücksitz. Sofort verriegelte ich zwei Türen, nur die Fahrertür und meine waren noch offen.

"Tschir, steig ein! Fahr ein wenig voraus, ich hol dich ein."

Tschiratidso befreite sich aus den ihn festhaltenden Händen und rannte ins Auto. Ich fletschte die Zähne, nahm Anlauf und rannte in die Menge, teilte Schläge aus nach rechts und nach links, ohne etwas zu sehen. Ich erinnerte mich an einen Kampf mit den Dagestanern in der Militärtruppe, als wir zu dritt von einer zwanzigköpfigen Menge verprügelt worden waren. Damals aber hatte ich nur für mich selbst und meine Freunde gekämpft, jetzt kämpfte ich für einen sterbenden, zum Tode verurteilten Jungen und für meinen Sohn, der im fernen Moskau zurückgeblieben war. Nachdem ich ein paar mir dicht zu Leibe gerückte Männer verdrängt und einige hysterische Frauen, die mit ausgestreckten Armen nach mir griffen, zur Seite geschoben hatte, schaute ich mich schnell um. Tschiratidso hatte es geschafft, mit dem Auto den Kreis der ihn umgebenden Dorfbewohner zu durchdringen. Jetzt hielt er in circa hundert Meter Entfernung an, stieg aus dem Jeep und beobachtete angespannt, wie der Kampf ausgehen würde. Ich wehrte noch ein paar harte Schläge ab – ein paar der Jungs aus diesem Dorf waren ziemlich drahtig und wussten eindeutig, wie man kämpfte – und machte mich bereit, zum Auto zu eilen, als mich irgendetwas Schweres auf dem Hinterkopf traf und zu Boden warf. Wahrscheinlich hatte ich für einen Moment das Bewusstsein verloren, denn als ich wieder zu mir kam und mich aufrichten wollte, regnete ein ganzer Hagel aus Schlägen auf mich herab – mit Füßen, Stöcken und Ketten. Dann wurde es dunkel. Das Letzte, was ich sah, war ein intensiv blauer Himmel über mir, der sich augenblicklich in einen zähen, dickflüssigen Nachthimmel verwandelte ...

Erster Teil

– AKAN –

EXO-T

EXPEDITION IN DIE LICHTSCHATTEN

"Das Leben gleicht öfter einem Roman als die Romane dem Leben."[7]

George Sand

W̲ir saßen in einem gemütlichen Restaurant, das in dämmriges Licht getaucht war. Es waren nur wenige Menschen da. Schon die Atmosphäre des Ortes schien förderlich für unser Gespräch zu sein. Witalij drehte nervös seine Gabel in den Händen.

---

7 Quelle der Übersetzung: https://www.aphorismen.de/zitat/98147

Er hatte sein Essen kaum angerührt. Ich konnte sehen, dass es ihm auch heute noch sehr schwer viel, über das zu reden, was er mir gerade erzählte.

"Was ist dann passiert?"

Witalij lachte nervös.

"Ich erinnere mich nicht. An gar nichts. Sie haben mir den Schädel eingeschlagen. Haben mich ganz schön vermöbelt. Ein Wunder, dass ich überhaupt am Leben geblieben bin. Ich lag blutüberströmt da, wie ein Eber im Schlachthof. Zumindest war Tschir nicht abgehauen. Als alle weg waren, hat er mich aufgehoben, in den Wagen geschleppt und ins Krankenhaus gebracht. Dort hat er sowohl mich als auch den Burschen eingeliefert. Er hat den Ärzten das gesamte Geld gegeben und sogar selbst noch etwas dazugelegt. Ich habe ihm später zwar alles zurückgezahlt, aber trotzdem ... Er hat sich wirklich als ein guter Mensch herausgestellt."

Er schwieg einige Sekunden lang und begann dann wieder zu sprechen, während er immer noch die Gabel zwischen seinen Fingern drehte.

"In einem Notfalltransport hat man mich nach Moskau gebracht. Ein paar Tage lang bin ich noch bewusstlos gewesen. Dann bin ich wieder zu mir gekommen. Und da hat alles angefangen."

Witalij sah mich bedeutungsvoll an.

"Ich kann mich nur vage daran erinnern, was mit mir im Koma passiert ist, aber ich bin definitiv irgendwo gewesen. All das Gerede über Korridore, Licht, Flüge – ach, ich weiß auch nicht. Aber dort war definitiv irgendetwas. Ich kann mich nur an meine Empfindungen und ein paar Bilder erinnern, na ja, es sind irgendwie ... Rekonstruktionen oder so ... Sie sind geblieben, nachdem ich von dort zurückgekehrt war."

Er verstummte wieder, als ob er gegen den Widerwillen ankämpfte, überhaupt mit jemandem über dieses Thema zu sprechen. Dann fasste er einen Entschluss.

"Weißt du, vieles von dem, was ich heute gehört habe, wusste ich auch davor schon irgendwie intuitiv. Aber es war nicht greifbar. Einige Dinge haben mich heute aber in kalten Schweiß ausbrechen lassen. Aus diesem Grund erzähle ich dir auch davon. Ich weiß, dass ich heute nicht zufällig hierhergekommen bin und dass ich dich nicht zufällig kennengelernt habe."

Die Gabel in seinen Händen vollführte einen sonderbaren Tanz.

"Als ich dein Buch gelesen habe, in dem du beschreibst, dass ein Dämon bei dir auf der Intensivstation war, war ich fassungslos und dachte, dass ich dich auf jeden Fall kennenlernen müsste. Ich wollte sehen, was für ein Mensch du bist. Nun, verstehst du, ich wollte wissen, ob du in deinen Büchern die Wahrheit gesagt oder ob du dir einfach nur irgendetwas ausgedacht hast."

Witalij legte die Gabel auf den Tisch, presste die Handflächen zusammen, wovon seine Knöchel weiß wurden.

"Ich kann mich ganz genau an diese *Welle* erinnern, ich meine die, über die du heute gesprochen hast. Sie hat mir in meinen Visionen einen ziemlichen Schrecken eingejagt."

Mein Gesprächspartner leckte sich über die trockenen Lippen, griff nach der Wasserflasche und nahm ein paar Schlucke.

"Meine Güte, ich hätte nicht gedacht, dass es so schwer sein würde, wieder daran zu denken, geschweige denn laut darüber zu sprechen."

Ich schenkte mir ebenfalls von dem Wasser ein und trank ein paar Schlucke.

"Lass dir Zeit. Ich verstehe, was du meinst ..."

"Ich kann mich erinnern, wie sich diese dunkle *Welle* angefühlt hat. An die *Welle* selbst erinnere ich mich nicht, nur an die Empfindungen."

Witalij schnaubte erneut nervös.

"Außerdem habe ich meinen Sohn gespürt. Die ganze Zeit über, als ich im Koma lag. Später hat man mir gesagt, dass er gekommen wäre. Meine Frau hat mit der Notaufnahme gesprochen und man hat meinem Sohn erlaubt, bei mir zu bleiben. Schon als ich entlassen wurde, begannen mich nachts Albträume zu quälen. In diesen Träumen habe ich die *Welle* gesehen. Sie kam auf mich zu, mir war angst und bange und ich versuchte wegzulaufen. Doch als ich mich umdrehte, stand dort immer der kleine Junge aus dem nigerianischen Dorf hinter mir. Und er fing an, auf mich zuzugehen, als wollte er nicht zulassen, dass ich wegrannte. Schrecklich war das ... Außerdem war in meinen Träumen noch jemand anderes anwesend ... jemand Dunkles ... und nicht nur in den Träumen. Es war, als wäre er immer irgendwo in der Nähe gewesen. Und heute, während des Rituals, konnte ich seine Anwesenheit deutlich spüren. Wobei ... eigentlich habe ich das Gefühl, dass dieser Jemand eine Frau ist."

Wir hatten Tee bestellt und saßen nun mit heißen Tassen in unseren Händen auf dem Sofa.

"Nachdem ich in deinem Buch gelesen hatte, dass du eine ähnliche Erfahrung gemacht hast, habe ich den Entschluss gefasst, dich zu treffen. Also, was sagst du?"

Ich bemühte mich, die Bilder zu ordnen, die eins nach dem anderen in meinem Inneren auftauchten und wieder verschwanden.

"Ich habe auch das Gefühl, dass du heute nicht zufällig gekommen bist und dass unsere Bekanntschaft kein Zufall ist."

Ich musste an BORK denken, der genau so vor Witalij gesessen hatte, wie er einmal vor vielen Jahren vor mir gesessen hatte.

"Lass uns versuchen, uns etwas Klarheit zu verschaffen. Glaubst du, dass der Junge aus deinen Träumen und das Gefühl der dunklen Frau irgendwie zusammenhängen?"

Witalij zuckte unwillkürlich mit den Schultern.

"Ich weiß es nicht. Aber ich erinnere mich an diesen verdammten Fluch. Vielleicht stimmt es ja tatsächlich? Immerhin haben diese ... schlechten Leute im nigerianischen Dorf etwas über seine Mutter gesagt. Dass sie eine Hexe gewesen und ihre Seele in den

Sohn übergegangen sei. Und dass der Fluch der Hexe auf denjenigen fallen würde, der ihren Sohn rettet."

"Hättest du rückblickend in dieser Situation also anders gehandelt?"

Mein Gegenüber atmete tief ein. Diese Frage hatte er sich offensichtlich selbst schon gestellt.

"Selbstverständlich nicht. Aber es gibt eindeutig eine Verbindung. Ich kann sie spüren. Ich muss jetzt endlich irgendetwas tun."

"Gut. Hast du verfolgt, was mit dem Jungen weiter geschehen ist?"

"Natürlich. Wir haben ihn gerade noch rechtzeitig von dort weggebracht. Die Ärzte haben gesagt, dass es ein paar Stunden später zu spät gewesen wäre. Einfach alles dort war wirklich schlimm: Er wurde geschlagen, er hungerte, ernährte sich von Resten, die er im Müll fand, davon bekam er Würmer, eine Dysenterie und noch viel mehr ... Ich bin schockiert, wenn ich mir vorstelle, wie dieses zweijährige Kind in diesem verfluchten Dorf, wo alle gegen ihn waren, überhaupt überleben konnte! Das Schrecklichste an all dem ist, dass es dort nicht nur Dutzende oder Hunderte solcher Fälle gibt, sondern weitaus mehr. Und weißt du, was typisch ist? In den meisten Fällen sind es die örtlichen Gemeindepastoren, die diese Dinge anzetteln. Was ist das denn bitte für eine Nummer?! Ich habe eine Statistik gelesen. In nur zwei der insgesamt 36 Bundesstaaten Nigerias wurden in den letzten zehn Jahren fünfzehntausend Kinder der Hexerei bezichtigt, von welchen etwa tausend getötet worden sind. Die meisten werden verstoßen und verbringen ihr kurzes Leben in Müllhaufen, wo sie sich von Abfall ernähren. Diese kleinen Kinder werden gefoltert, dazu gezwungen, Säure zu trinken, ihnen werden die Köpfe mit Nägeln durchbohrt und Finger abgeschnitten ... Das ist der reine Wahnsinn!"

Witalij stellte seine Teetasse auf dem Tischchen neben dem Sofa ab.

"Wir leben hier einfach und wissen eigentlich gar nicht, was in der Welt vor sich geht. Heute hast du von den *Mangen* erzählt. Ich stimme dir voll und ganz zu! Weißt du, bis zu jenem Augenblick, dort im Dorf, war ich ein völlig anderer! Es ist nicht so, dass ich schlecht gewesen wäre, aber ... irgendwie verschlossen, einzig und allein auf mein Leben, auf meine Wünsche und Probleme fokussiert. Und dort, als ich dieser wilden Menge gegenüberstand und den schmutzigen, hilflosen Körper an mich drückte, ist irgendetwas mit mir geschehen. Die METANOIA! Genau ... es war, als hätte ich etwas überschritten. Als ich diesen Monstern in die Augen sah, da habe ich mir geschworen, dass ich helfen würde ... beschützen würde ... Ich weiß, dass das irgendwie zu banal klingt, aber in jenem Moment war ich von genau solch einer Sehnsucht ergriffen, es war, als hätte mich ein Blitz getroffen, der die ganze Software in meinem Kopf gelöscht hat. Und seitdem kann ich nicht richtig zu mir kommen. Ich habe eine Stiftung gegründet, wir arbeiten mit Freiwilligen zusammen. Das ist aber nicht ansatzweise genug. Ich habe das Gefühl, dass etwas anderes vonnöten ist ... etwas Tieferes vielleicht? Zuerst muss ich mich mit dieser Situation auseinandersetzen, dann werde ich verstehen, was nötig ist. Im Moment fühle ich mich wie ein Ball mit einem Loch – meine ganze Energie entweicht. Ich spüre irgendwie, dass der Junge nichts damit zu tun hat. Über seine Mutter aber weiß ich nichts. Und wenn sie diejenige ist, die mir folgt, muss ich etwas dagegen unternehmen."

Witalij sah mir direkt in die Augen.

"Wirst du mir helfen?"

Ich nahm ein Notizbuch aus meiner Tasche, schlug es auf und schrieb mir ein paar Dinge auf. Witalij beobachtete mich angespannt.

"Wie geht es dem Jungen jetzt?"

"Er ist im Kinderheim. Er lebt, ist gesund. Er hatte wirklich Glück. Es ist solch ein Fall, in dem 'Kohle über das Böse siegt'."

"Du sagst, dass du eine Stiftung gegründet hast. Bist du seither noch mal in Nigeria gewesen?"

"Nein. Ich kann mich nicht dazu durchringen, dorthin zurückzukehren. Ein Manager kümmert sich um die Stiftung."

"Hast du den Jungen noch einmal wiedergesehen?"

"Nein. Ich habe Fotos von ihm. Tschir hat sie mir geschickt."

Witalij holte ein paar Fotos aus der Innentasche seiner Jacke hervor.

"Kannst du sie mir für eine Weile geben?"

"Natürlich."

Ich schaute mir den lächelnden Jungen an. In seinen Augen war so viel Kindliches, dass ich mir nur schwer vorstellen konnte, wie er noch vor einem halben Jahr sterbend in einem Slum lag.

"Hat er einen Namen?"

Witalij lachte los.

"An dieser Stelle wird es interessant. Tschiratidso hat es im Nachhinein herausgefunden. Im Dorf nannten sie ihn Tafari, was übersetzt 'der Angsteinflößende' bedeutet. Niemand kannte seinen eigentlichen Namen. Seine Mutter hieß Agwang. Schon im Krankenhaus hat er einen neuen Namen bekommen. Sie nannten ihn Bamidel.

"Kennst du die Übersetzung?"

Schweigend und mit einem Lächeln auf den Lippen schaute Witalij mich an, machte eine Pause und versuchte offensichtlich, einen dramatischen Effekt zu erzeugen.

"Der Name seiner Mutter bedeutet 'Wolf' und der neue Name des Jungen – 'Folge mir nach Hause' ..."

Ich schloss die Augen. In meinem Innern stieg das deutliche Gefühl auf, dass sich genau in diesem Moment ein unsichtbares Portal zu öffnen begann, das etwas mit dieser ganzen Geschichte zu tun hatte. Ich blickte zur Seite. Es schien mir, als würde der unsichtbare BORK auf weichen Pfoten links an uns vorüberlaufen.

"Assoziierst du das Gefühl der Anwesenheit des Wolfes in deiner Vision mit der Hexe?"

Witalij zuckte unsicher mit den Schultern.

"Ich weiß nicht. Aber irgendwie fügt sich alles zusammen. Du siehst es ja selbst."

In der Peripherie nahm ich wahr, wie sich die Schatten um uns herum bewegten. BORK blieb bei uns. Warum? Beschützte er uns weiterhin vor diesem Wesen in der Schattenwelt? Oder hatte er ein besonderes Interesse an meinem neuen Bekannten?

"Witalij, der Wolf, den du in der Vision auf dem Seminar gespürt hast, hat nichts mit der Mutter des Kleinen zu tun."

Mein Gesprächspartner hob überrascht den Kopf.

"Woher weißt du das?"

Mein Gefühl sagte mir, dass sich BORK schon irgendwo zwischen uns befand.

"Er ist mein *Beschützer*. Er heißt BORK. Ich habe ihn aufgezogen, als er noch ein kleines Wolfsjunges war. Er passt in den *Lichtschatten* auf mich auf. Heute hat er sich zu dir gesetzt. So etwas kommt bei meinen *Totems* äußerst selten vor. Die Tatsache, dass er zu dir gelaufen ist, deutet auf eine besondere Wichtigkeit deiner Geschichte in meinem Leben hin. Deshalb werde ich dir helfen, so gut ich kann. Lass uns deine Hexe suchen."

Witalij streckte mir schweigend seine Hand entgegen.

"Womit fangen wir an?"

"Lass uns den *Rhombus* der *Jäger* durchlaufen. Wir werden das in die Praxis umsetzen, was ich heute in der Theorie erklärt habe. Mit den ersten beiden *Ringen der Kraft* bist du schon in Berührung gekommen. Sowohl die METANOIA als auch das AKAN haben in dir stattgefunden."

"Das Akan? Wer? Bamidel?"

"Ja. Kinder sind die mächtigsten *Akane*. Du bist in den *Rhombus* eingetreten, obwohl du es nicht bemerkt hast. Das geschieht oft mit den Leuten. Sie werden von den ersten zwei *Ringen* angestoßen, doch erst danach beginnt das eigentlich Wichtige. Und wenn du nicht begreifst, was mit dir passiert, lösen sich die zwei *Ringe* in deinem alltäglichen Leben wieder auf, verschwinden manchmal spurlos. Denn wir müssen diese Chance, diesen *Impuls*, nutzen. In deinem Fall wurde der ENERHOM-Prozess in Gang gesetzt, jetzt befindest du dich in der Phase der Zuspitzung. Das bedeutet?"

Witalij lächelte, während er sich den theoretischen Teil ins Gedächtnis rief.

"Der dritte *Ring der Kraft*? AKSIR?"

"Genau!", ich klappte das Notizbuch zu. "Die zeitlose Wahrnehmung. Kannst du Moskau verlassen?"

"Ja. Aus Gewohnheit will ich direkt fragen: Für wie lange?"

Wir lachten beide.

"Und wohin gehen wir?"

"In den Altai. Ich lade dich ein, auf eine *tiefe Reise* zu gehen ..."

Exoten

DER WEG IN DIE BERGE ...
(Altai, 2015)

"Die Reise mag nicht einfach sein, aber wenn du die Person findest, mit der du sie gemeinsam unternehmen kannst, dann kannst du alles schaffen."[8]

Abbi Glines, "Hold on tight"

Wir saßen auf dem flachen Bereich eines riesigen Felsens, unter uns erstreckte sich eine atemberaubende Landschaft – zwei Flüsse, deren verschiedenfarbige Ströme zu einem zusammenflossen, und hohe Berge, auf deren Spitzen schneebedeckte Streifen aus Eis zu sehen waren. Fasziniert sah sich Witalij diese Pracht an.

"Wunderschön! Wie heißt dieser Ort?"

Ich rückte meinen Rucksack zurecht, der von meinem Rücken rutschen und zur Seite fallen wollte.

---

8 Zitat frei übersetzt, Anm. d. Übers.

"Klammere dich nicht an Namen. Auf dieser *Reise* wird es keine Namen geben. Es wird nur Flüsse, Berge, Felder und Wege geben."

Der Moskauer lachte.

"Verstehe. Na gut. Dann stelle ich gleich noch zwei dumme Fragen hinterher, darf ich?"

"Schieß los."

"Wozu sind wir hier? Und was suchen wir?"

Ich holte die Thermoskanne aus meinem Rucksack, schraubte den Deckel ab, goss von der dampfenden Kräutermischung hinein und reichte ihn Witalij.

"Unsere *Expedition* hat mehrere Ziele. Du hast deine, ich habe meine. Eine deiner offensichtlichen Aufgaben ist es, deinen Lebens*knoten* zu lösen und den dunklen Geist zu finden, der dich bedroht. Um das zu tun, musst du den *Rhombus* der *Jäger* durchlaufen. Deshalb ist es unser erstes Ziel, die Quelle der *Kraft* zu finden, das AKAN."

"Warte mal, du hast doch gesagt, ich hätte das AKAN schon hinter mir?"

Ich holte mir den Deckel der Thermosflasche zurück und nahm einen Schluck von dem heißen Getränk.

"Das habe ich nicht gesagt."

"Natürlich, du hast gesagt, dass Bamidel mein AKAN war?"

"Das ist richtig. Er hat dir einen gewissen Impuls gegeben, der aber jeden Augenblick wieder verschwinden kann.

Er ist kein stabiles AKAN für dich, weil du Angst vor ihm hast und dich deshalb unterbewusst verschließt. Um die *fünf Ringe* erfolgreich zu durchlaufen, musst du ein beständiges AKAN finden, das dich immer unterstützen wird."

Witalij schnaubte.

"Sollen wir etwa irgendeinen altaischen Jungen finden?"

"Vielleicht", zwinkerte ich ihm zu und blinzelte wegen des heißen Dampfs, der aus der Tasse aufstieg, "niemand weiß, wo dein AKAN auf dich wartet. Der einfachste und beste Weg, ihn hier im Altai zu finden, ist, einen ARKOL ausfindig zu machen. Das ist auch eine Art AKAN."

"Ein neues Wort", nickte mein Gegenüber. "Ich habe mir gerade erst die anderen eingeprägt."

"Je mehr neue Wörter, desto mehr neue neuronale Verbindungen", ich tippte mit den Fingern an meinen Kopf. "Das ist auch Teil der Strategie – alte Gewohnheiten und Schemata durch neue zu ersetzen. ARKOL ist die altrussische Bezeichnung für einen *Kraftort*."

"Suchen wir einen bestimmten ARKOL?"

"Wir wollen den ARKOL finden, der nur zu dir passt. Daher bewegen wir uns nicht in eine bestimmte Richtung. Wir *jagen*."

"Und was werden wir tun, wenn wir ihn finden?"

Ich stand auf, machte die Thermosflasche zu und legte sie in den Rucksack, den ich mir anschließend über die Schulter warf.

"Das wird sich dann zeigen, wenn wir ihn gefunden haben …"

Wir gingen einen schmalen Bergpfad entlang. Die Sonne stand hoch am Himmel und verströmte mit ihren Strahlen eine solche Hitze, dass das Laufen unerträglich wurde. Ich hielt Ausschau nach Schatten. Wir legten eine Pause ein und versteckten uns unter einer riesigen Lärche, die nicht weit entfernt in stolzer Einsamkeit wuchs, vor der Sonne. Witalij lehnte sich im Gras zurück. Da er es nicht gewohnt war, in den Bergen zu wandern, war er richtig erschöpft. Wir saßen eine Weile schweigend da, beruhigten unsere Atmung und spülten den Mund mit Wasser aus. Um uns herum schwirrten kleine Stechmücken in der Luft, die unsere Augen tränen ließen. Ich klopfte meinem Gefährten auf die Schulter.

"Keine Sorge, bald wird es kalt werden."

Witalij schaute mich verwundert an. In diesem Dunst war Kälte etwas nur schwer Vorstellbares. Ich zeigte nach vorne auf den Bergrücken, auf dem unser Weg nach oben lag.

"Dort oben sind die Winde anders, du wirst sehen."

Witalij nickte. Ich zeigte auf die Lärche.

"Lehn dich an den Stamm. Das hier ist kein gewöhnlicher Baum."

Witalij sah sich den knorrigen Stamm an.

"Solche Bäume werden 'Schamanenbäume' genannt."

"Warum?"

"Sie haben eine besondere *Kraft*. Siehst du, dass im Umkreis von ein paar Dutzend Metern kein anderer Baum wächst? Das ist der Einfluss dieser *Kraft*. Niemand kann sie aushalten. Lerne, solche *Zeichen* zu bemerken. Sie können dich zum ARKOL führen."

Witalij lehnte sich mit dem Rücken gegen den Stamm und schloss die Augen.

"Andrej, wie werde ich wissen, dass ich den ARKOL gefunden habe?"

Ich ging zu ihm, setzte mich neben ihn und lehnte mich ebenfalls mit dem Rücken an den Stamm.

"Du wirst es wissen."

Wir gingen immer höher und höher in die Berge. Eine leichte Brise, die die langersehnte Kühle mit sich brachte, wehte in unsere Rücken. Ich holte meine Windjacke aus dem Rucksack und zog sie über mein T-Shirt. Von jetzt an würde es immer kälter werden. Der Atem des großen Berges war direkt vor uns. Der Wind wehte von der schneebedeckten Bergkuppe und trug seine Kälte in die heißen Niederungen.

"Andrej ..."

Ich drehte mich zu Witalij um, der sich auch eine leichte Jacke übergezogen hatte.

"Witalij, wir betreten jetzt besonderes Land. Unsere gewöhnlichen Namen lassen wir hier zurück. Das hier ist das Gebiet der Teilpersönlichkeit 'Alpha'. Wir müssen unsere frühere Erscheinung ablegen."

Mein Gefährte nickte. Ich ging in die Hocke und bedeutete ihm, dasselbe zu tun. Sollte der Wind nur über uns hinweg wehen, er musste nicht hören, was wir gleich sagen würden.

"Ich habe viele Namen in dieser Welt. Auf dieser *Expedition* kannst du mich Kamkurt oder Kam nennen."

"Und welchen Namen soll ich wählen?"

"Deine Aufgabe ist es nicht, dir einen Namen auszudenken, sondern ihn sichtbar werden zu lassen. Du und alle, die dich kennen, wissen, wie deine 'Beta'-Teilpersönlichkeit heißt. Es ist der Name, den du mit dir selbst assoziierst. Doch das stimmt so nicht ganz. Dieser Name ist zu einem Riegel geworden, der deine *Kraft* einsperrt. Jetzt brauchst du einen Namen, der dein 'Alpha' widerspiegelt. Denk ihn dir nicht aus. Erinnere dich an ihn."

Witalij runzelte die Stirn, er musste an irgendetwas denken.

"Da diese *Expedition* im Zeichen Afrikas stattfindet, werde ich einen afrikanischen Namen annehmen. Nenn mich Tabo, was übersetzt 'Freude' bedeutet. Es ist das, wovon ich in letzter Zeit viel zu wenig verspüre."

Wir hatten uns hingesetzt und versteckten uns hinter einem riesigen Felsblock. Hier im Hochland fegten die kalten Winde von den Gletschern über die Wiesen und hielten all diejenigen erbarmungslos umklammert, die zum Gipfel gingen. In regelmäßigen Abständen gönnten wir uns deshalb eine Ruhepause, suchten uns eine Nische hinter irgendeinem natürlichen Vorsprung. Jetzt schützte uns der Felsblock, doch dort, hinter seinem steinigen Rücken, hörten wir das lärmende Flügelschlagen der unsichtbaren Drachen, die durch die Luft schweiften, um die beiden Fremden ausfindig zu machen. Vor uns brannte ein kleines Feuer. Wir rückten so nahe heran, wie wir konnten – gerade so, dass wir nicht unsere Windjacken ankokelten, aber gleichzeitig die wertvolle Wärme des Feuers aufnahmen.

"Sag mal, Tabo, wann hast du denn deine Freude verloren?"

Mein Gesprächspartner streckte die Hände zum Feuer. Es schien, als würde ihn schon allein dieses Thema von innen auskühlen.

"Darüber habe ich viel nachgedacht. Ich glaube, das war schon vor langer, sehr langer Zeit – noch in der Schule. Ich kann mich nur an wenige Glücksmomente erinnern, und alle davon fanden in den Sommerferien statt. Ob du es glaubst oder nicht, ich kann mich ganz genau daran erinnern, wie mein Vater und ich von einer Holzplatte im Garten aus fischten, wie wir auf den Flussläufen Boot fuhren, wie wir im Wald Pilze sammeln gingen. Ich erinnere mich, wie Mama und ich auf den Dorfmarkt gingen. Und dann – wusch! – schon wieder Schule und alles war wie immer, Tag für Tag. Dann gab es noch an der Uni ein paar Glücksschimmer. Ich lebte von einem Stipendium von 50 Rubeln, aber es war genial. Wir beide sind ungefähr im gleichen Alter, nicht? Du verstehst also."

Ich warf ein paar kleine Zweige ins Feuer – alles, was ich in der Nähe gefunden hatte.

"Dann kamen die 'stürmischen Neunziger', wie in der Schule, ein zäher Brei, tagein, tagaus, Monat für Monat. Ich erinnere mich, dass ich noch einen intensiven Glücksausbruch hatte, als Ilja auf die Welt kam. Das war eine Freude! Ich war wie betrunken vor Glück. Doch alles hat irgendwie ganz plötzlich aufgehört. Eine Art Trostlosigkeit hat sich erneut ins Leben eingeschlichen. Mein Sohn wuchs auf, meine Frau war an meiner Seite, das Geschäft lief gut – das Geld häufte sich nur so. Vom Glück aber war nichts mehr übrig. Als hätte es jemand gestohlen ... Und dann ging alles bergab: Im Geschäft tauchten Probleme auf, die Beziehung zu meiner Frau ging in die Brüche, mein Sohn wurde irgendwie ... zu einem Fremden. Nein, das stimmt so nicht. Mein Sohn liebt mich und ich liebe ihn, aber diese Euphorie war verschwunden. Entweder weil er erwachsen wurde oder weil ich nur noch mit meinen Problemen beschäftigt war ... Kurzum, alles war irgendwie verflucht. Und wie es dann weiterging, weißt du. Afrika, der Sohn der Hexe, das Koma ..."

Ich hörte meinem Gesprächspartner aufmerksam zu. Hier war jedes Detail wichtig. Bei der *Jagd* gibt es keine Kleinigkeiten. Tabo sah mich an. Der Qualm des Feuers ließ ihn blinzeln.

"Erst auf dem Seminar begann ich zu verstehen, was mit mir los ist. Na ja, nur ganz vage. Der Wunsch, dich kennenzulernen, ist zu etwas Größerem geworden. Besonders nach dem Ritual am Ende. Ich konnte darin irgendwie ein Muster erkennen – ein Albtraum, der mich an meine schrecklichen Visionen erinnerte, und jemand, der mich von diesem Albtraum befreite. Aber all das dauerte nur ... wenige Augenblicke. Ich konnte nicht das ganze Bild greifen. Obwohl mein Gefühl mir sagt, dass diese Augenblicke etwas sehr Bedeutendes enthielten."

Ich dachte ebenfalls an das *Lichtschatten*-Ritual zurück und versuchte, mir all die Eindrücke davon in Erinnerung zu rufen. Aber irgendetwas hinderte mich daran. Dieses Ritual war wirklich äußerst ungewöhnlich gewesen. Die schwarze Gestalt hinter Tabo, die *dunkle Welle*, die mich völlig unerwartet getroffen hatte, das seltsame Verhalten von Bork – all das hatte die Wahrnehmung in ihrer Gesamtheit gestört. Ich schaute meinen Gefährten an.

"Das ist typisch für die *Lichtschatten*. Unser Verstand ist nicht daran gewöhnt, so viele Informationen in solch einer Geschwindigkeit wahrzunehmen. Er ist generell nicht in der Lage, eine große Menge an Informationen als Einheit aufzunehmen. Deshalb bricht er sie in einzelne Teile auf. Es fällt uns aber schwer, diese Teile später wieder zu einem vollständigen Bild zusammenzusetzen."

"Was hat das Ritual dann überhaupt für einen Sinn? So wie ich es verstehe, ist es doch sehr wichtig für dich? Ach ja, der Impuls. Aber wie viele Teilnehmer können ihn tatsächlich nutzen und zum ENERHOM-Prozess weiterentwickeln? Ein paar wenige?"

Ich rieb meine Hände aneinander, um die Wärme des Feuers zu verteilen.

"Du verstehst nicht ganz, warum mir dieser Prozess so wichtig ist. Ich halte mich keineswegs für einen Messias. Ich sehe es nicht als meine Aufgabe an, all diejenigen zu aktivieren, die in der Lage sind, ihre *Lebenskraft* zu erwecken. Das ist schlichtweg unmöglich. Denn es hängt in erster Linie vom Grad der Bereitschaft des *Suchenden* ab."

"Das heißt, du suchst diejenigen, die bereit sind?"

Ich nickte.

"Das ist ein mehrstufiger Prozess. Ich suche diejenigen, die bereit sind. Und gleichzeitig gebe ich denen, die noch nicht bereit sind, alles mit auf den Weg, das sie möglicherweise später brauchen werden: Informationen, eine *Absicht* und einen *Impuls*. Möglicherweise werde ich ihnen irgendwann noch einmal begegnen, entweder in dieser Welt oder in den *Lichtschatten*, das ist nicht wichtig. So wie es auch nicht wichtig ist, wann es geschehen wird oder ob es überhaupt geschehen wird ..."

"AKSIR?", lächelte Tabo. "Die zeitlose Wahrnehmung. Ich erinnere mich!"

Ich zwinkerte ihm zu.

"Aber sag mir, wozu brauchst du dann diejenigen, die bereit sind?"

"Du hast die Frage nicht richtig gestellt. In ihr ist die Denkart der *Mangen* zu erkennen. Das 'wozu' ist nicht relevant, das ist nur die eigennützige Wahrnehmung der Leute. Ich suche die Verbindung zu ihnen auf einer anderen Ebene. Ich suche *Nahestehende*."

"Wozu brauchst du sie?"

Ich starrte auf das Feuer, blinzelte, weil der beißende Rauch mir in die Augen stieg.

"Wenn es dir trotz allem leichter fällt, mich zu verstehen, wenn ich das Kriterium 'wozu' verwende, dann drücke ich es so aus: Unter den *Nahestehenden* suche ich nach *Verwandten*."

"Meinst du Familienangehörige?"

"Nicht in der Form, wie wir dies in der Welt der Leute verstehen. Der Begriff der *Verwandten* hat für die *Jäger* eine weitaus *tiefere* Bedeutung. Er ist sozusagen ein wesentlicher Teil unserer Religion. Aber im Moment ist es noch zu früh, um darüber zu sprechen. Im Laufe unserer *Reise* wird sich dir dieser Teil mit Sicherheit noch erschließen."

Wir saßen eine Weile schweigend da, während jeder seinen eigenen Gedanken nachhing. Schließlich wandte Tabo sich wieder mir zu:

"Können wir viele *Nahestehende* haben?"

Ich schaute mich um und suchte nach Überresten von Brennholz, entdeckte aber nicht einen einzigen Zweig. Das bedeutete, dass sich unsere Zeit an diesem Ort bald dem Ende zuneigen würde.

"*Nahestehende* kann es viele geben. *Verwandte* nur ein paar wenige, vielleicht Dutzende. Darum sind sie so wertvoll."

Tabo schmunzelte.

"Du hast gesagt, dass sich beim *Lichtschatten*-Ritual ein paar Einzelne offenbaren würden, und danach hast du mich auf diese *Reise* eingeladen. Heißt das, wir beide sind *Nahestehende*?"

Ich lächelte ihn an.

"Höchstwahrscheinlich ja."

In meinen Gedanken tauchte wieder das Bild von Bork auf, der vor Tabo saß. So etwas kam wirklich nicht oft vor.

"Vielleicht sogar *Verwandte*?"

Ich wackelte mit dem Kopf.

"Vielleicht."

Tabo runzelte die Stirn.

"Aber in den *Lichtschatten* ist es nicht möglich, es sicher zu wissen. Man kann nur die ursprüngliche *Absicht* erkennen, oder?"

"Genau aus diesem Grund sind wir hier."

Ich nickte in Richtung der hohen Bergketten, die uns umgaben.

"Verstehe", Tabo stocherte mit einem Messer in den Kohleresten der Feuerstelle herum, "wir sind jetzt auf der *Jagd*. Ich mache *Jagd* auf meine Dämonen, und du machst *Jagd* auf mich?"

Ich lauschte dem Wind hinter dem Felsen und blickte zum Himmel. Wir mussten vor Einbruch der Dunkelheit das Tal erreichen und unser Zelt aufbauen.

"Sag mal, Kam, warum sind wir zum *Jagen* in die Berge gegangen? Hätten wir das nicht in der Stadt tun können?"

"Nein. Unsere *Jagd* wird eine sehr *tiefe*. Dafür brauchen wir bestimmte Voraussetzungen."

"Gibt es in der Stadt etwa keine *Arkole*?"

"Es gibt welche, aber das, was wir vorhaben, ist nicht nur von den *Arkolen* abhängig."

Ich erhob mich und spürte, wie sich der kalte Drache sogleich auf die gesichtete Beute stürzte. Die Wärme, die das Feuer uns gespendet hatte, würde noch eine Weile ausreichen, aber wir mussten uns beeilen. Der Gebirgswind und die Dämmerung waren mächtige Energiefresser. Wenn man sich ihnen gedankenlos öffnet und sie für gewöhnliche Naturerscheinungen hält, können sie einem die ganze *Kraft* rauben. Ich drehte mich zu meinem Gefährten um.

"Hier in den Bergen ist die *Welle* ganz anders. Außerdem", ich ließ meinen Blick über die menschenleeren Weiten der Vorgebirgswiesen schweifen, "gibt es hier niemanden, der uns dabei stören könnte, in die *Tiefe* einzutreten."

Tabo stand ebenfalls auf, knöpfte seine Jacke zu und richtete seinen Rucksack.

"Meinst du die *Mangysen*? Gibt es in diesen Gegenden etwa keine Dämonen?"

Schmunzelnd musste ich an die japanische Legende denken.

"Es ist unwahrscheinlich, dass du hier auf einen *Mangysen* triffst. Dämonen schauen nicht so gern nach oben ..."

Eine Stunde später erreichten wir einen großen See, der mitten im Hochgebirgstal lag. Auch hier war der kalte Atem des bergigen Giganten zu spüren, der sich direkt vor uns als riesige Wand in die Höhe streckte. Doch hier gab es keine beißenden Winde, die sich den Weg direkt unter unsere Kleidung suchten und gierig die Wärme unserer Körper austranken, als versuchten sie, sich selbst zu wärmen. Nach einer weiteren halben Stunde hatten wir das Zelt aufgebaut, trockenes Holz gesammelt und ein Lagerfeuer entzündet. Ein Topf mit kochendem Wasser, der bequem auf einem Dreifuß saß, versprach ein baldiges Abendessen. Der Himmel wurde allmählich dunkler – die Sonne versteckte sich bereits seit geraumer Zeit hinter den Berggipfeln. Wir machten es uns wieder am Feuer bequem. Es war offensichtlich, dass in Tabo zahlreiche Fragen brodelten und er es kaum abwarten konnte, sie zu stellen. Als alle Tätigkeiten erledigt waren und wir nur noch dasaßen und darauf warteten, bis das Wasser kochte, hielt er es nicht mehr aus.

"Kam, warum ist es für die *Jäger* eigentlich so wichtig, ihre *Verwandten* zu finden? Ich spüre förmlich, wie wichtig es für mich ist, das zu verstehen."

Ich dachte eine Weile nach, überlegte, wie ich die Antwort formulieren sollte.

"Du musst verstehen, dass die *Jäger* das suchen, was der Tod nicht nehmen kann. Das ist die wichtigste Beute für sie in dieser Welt."

"Das AKSIR? Der Ausgang in eine zeitlose Wahrnehmung?"

"Ja, richtig. Und die *Verwandten* sind genau diese Schätze, die wir suchen und bewahren."

"Aber die Leute sterben doch. Physisch, meine ich."

"Ja, unsere Verwandten sterben. Wenn sie aber zu *Verwandten* werden, besitzt der Tod keine Macht mehr über sie. Das ist eine ganz andere Ebene."

"Meinst du damit echte Unsterblichkeit?"

"Im Moment hat es keinen Sinn, darüber zu sprechen, Tabo, da wir uns in verschiedenen Teilpersönlichkeiten befinden. Aber ich verspreche dir, wir werden dieses Gespräch bald fortsetzen, wenn du dich in einem stabilen Zustand deiner A-Persönlichkeit befindest."

"Kam", schmunzelte Tabo erneut, "wie einfach kannst du von einer Teilpersönlichkeit in die andere wechseln?"

Ich machte ein gewollt ernstes Gesicht.

"Man hat mich diese Kunst lange gelehrt. Sie ist sozusagen mein Hauptberuf."

Wir lachten beide.

"Ja, der Beruf des Schamanen ist der gefragteste im neuen Zyklus, stimmt's?"

"Ich bezeichne mich nicht gerne als Schamanen. Das ist nicht richtig. Ich bevorzuge die Bezeichnung *Begleiter*."

"Ein Begleiter aus einer Welt in die andere?"

"Ja, ein *Begleiter* aus der Teilpersönlichkeit 'B' in die Teilpersönlichkeit 'A'. Manchmal auch noch weiter ..."

Tabo wurde neugierig.

"Halt, halt, darauf musst du genauer eingehen ... beim Training hast du nichts von noch einer weiteren Teilpersönlichkeit erwähnt!"

Ich breitete meine Arme zu den Seiten aus.

"Es gibt viel, das ich beim Training nicht erwähnt habe."

"Erzählst du mir davon?"

"Nein, von der dritten Teilpersönlichkeit kann ich dir nicht erzählen."

Tabo seufzte enttäuscht.

"Aber ich werde sie dir zeigen können. Wenn wir Glück haben."

"Na, das klingt schon besser! Das heißt, wenn unsere *Jagd* erfolgreich verläuft?"

"Ganz genau!"

Das Wasser im Topf brodelte und wir machten uns daran, die Suppe vorzubereiten. Zehn Minuten später nahmen wir das Gespräch wieder auf.

"Hat diese Teilpersönlichkeit etwas mit den *Lichtschatten* zu tun?"

Ich nickte.

"Ja, sie lebt in der *Tiefe* der *Lichtschatten*."

"Und wann werden wir in die *Lichtschatten* gehen? Gibt es dafür ein besonderes Ritual? So eins wie beim Training?"

"Nicht ganz. Beim Training haben wir die *Lichtschatten* nur berührt. Auf dieser *Expedition* werden wir vollständig in sie eintreten."

"Wow! Das stelle ich mir unheimlich vor."

Ich zeigte auf den dunklen nächtlichen Raum um uns herum.

"Du hast es nicht bemerkt, aber wir haben das Reich der *Lichtschatten* schon betreten. Dein Geist hat es einfach noch nicht begriffen."

Verwirrt sah Tabo sich um, versuchte, wenigstens irgendetwas in der völligen Dunkelheit jenseits des Lichtkreises auszumachen.

"Ist das wahr? Sind wir gerade etwa in einer anderen Welt?"

Ich schwieg und machte absichtlich wieder ein ernstes Gesicht. Wenn Tabo wüsste, wie sich meine *Lehrmeister* über meine Ängste lustig gemacht hatten, als sie mich mit den *Lichtschatten* vertraut gemacht hatten. Aber anders ging es nicht. Anfangs hatte mich dieser Sarkasmus der *Jäger* schrecklich irritiert, später aber verstand ich seinen Sinn. Es ist unmöglich, in die *Lichtschatten* einzutreten, wenn das starre Gerüst des Egozentrismus der *Mangen* auf uns lastet. Die *Jäger* haben es Schicht für Schicht von mir genommen, haben mich leicht und formbar gemacht. Tabo beobachtete mich aufmerksam, so langsam fing er an, etwas zu ahnen.

"Nimmst du mich auf die Schippe, Kam?"

Ich lächelte.

"Nur teilweise. Wir befinden uns tatsächlich die ganze Zeit über in den *Lichtschatten*. Sowohl hier als auch in der Stadt. Ein Teil von uns zumindest. Erinnerst du dich daran, was ich über die *Matrjoschkas* erzählt habe?"

Tabo atmete kaum merklich aus. Ich blickte in die Dunkelheit der Nacht.

"Hier sind die Grenzen der gewöhnlichen Welt etwas feiner. Außerdem haben die *Arkole* hier eine besondere Wirkung auf uns. Und unsere *Kraftkerne* stimmen sich aufeinander ein. Das ist ein sehr wichtiger Teil unserer *Expedition*. Während wir immer weiter in die Berge gehen, dringen wir gleichzeitig immer tiefer in die *Welt* der *Lichtschatten* ein."

Tabo rührte mit einem langen Stock die Suppe um.

"Werde ich es sofort bemerken, wenn wir vollständig in die andere *Welt* eingetaucht sind? Unterscheidet sie sich sehr von dieser Welt?"

"Sie ist sehr ... unvorhersehbar. Man kann sie nicht mit gewöhnlichen Worten beschreiben. Ruf dir einmal das Training, das Ritual in Erinnerung. Du warst im Saal, spürtest den Boden unter dir, die Berührung deiner Nachbarn rechts und links, es roch noch immer gleich, aber gleichzeitig war da etwas um dich herum ... etwas Ungewöhnliches. Als hätten sich zwei Welten zu etwas Transzendentem verbunden, das keine klaren Grenzen hat."

Tabo kratzte sich mit dem trockenen Ende des Stockes am Kopf.

"Was ich schon längst mal wissen wollte ... Hast etwa du diesen Prozess gelenkt? Hast du die Tür zu den *Lichtschatten* geöffnet? Heißt das, dass du als *Begleiter* das ganz bewusst und gezielt tun kannst? Warum machen wir dann hier *Jagd* auf die *Lichtschatten*? Warum dringen wir nur schrittweise in sie ein? Brauchen wir irgendeinen besonderen Ort, der als Portal dient, ein *Arkol*? Warum führst du mich überhaupt irgendwohin? Wenn du ein *Begleiter* bist, müsstest du uns doch eigentlich auch gleich jetzt dorthin bringen können?"

Ich verschob meine Wahrnehmung und berührte die *Lichtschatten*. Ein Stückchen hinter uns saßen meine treuen Gefährten im Gras – Artschi und Bork, der schwarze Schäferhund und der graue Wolf. Ich konnte sie nicht klar sehen, aber ihre Anwesenheit spüren und ihre Silhouetten ausmachen.

"Noch ein Fehler. Du solltest nicht versuchen, dein Urteil auf die *Lichtschatten* zu projizieren. Denn sie befinden sich weit jenseits der Grenze der Teilpersönlichkeit 'B', und sogar die Teilpersönlichkeit 'A' kann nur flüchtige Einblicke in diese geheimnisvolle *Welt* erhaschen."

Ich wandte meinen Blick dem Feuer zu, das mit seinen hellen Flammenzungen den Topf umspielte. In den orangefarbenen Flammen schimmerten violette Reflexe – das Feuer reagierte auf meine unsichtbaren Leibwächter. Wenn in den Zünglein ein grünes Leuchten zu sehen ist, heißt das, dass sich sonst noch jemand in der Nähe befindet. Ein Fremder. Heute war das Feuer aber ausnahmsweise einmal gutmütig und rein. Auch in der umgebenden Dunkelheit war keine Anspannung wahrzunehmen. Ich wandte mich Tabo zu.

"Ein *Begleiter* führt niemanden irgendwohin, wie viele meinen. Er *begleitet*."

"Das habe ich nicht ganz verstanden", sagte mein Gefährte verwirrt.

"Der *Begleiter* schafft lediglich die Voraussetzungen. Man könnte es so sagen: Er bietet denjenigen, die offen sind, die Energie seines *Kraftkernes* an, damit durch die Vereinigung mit der *Kraft* des *Suchenden* das Potenzial geschaffen wird, das für das Überschreiten der Grenzen der vertrauten Welt notwendig ist. Verstehst du? Der *Suchende* muss bereit sein. Er muss für die Interaktion offen sein, dann verbinden sich die *Kraftkerne* und die *Lichtschatten* öffnen ihre Türen vor ihm."

Tabo dachte angestrengt über etwas nach.

"Das heißt, das Training war ein Katalysator für Veränderungen, ein Auftakt zur Berührung mit den *Lichtschatten*. Und jetzt gehen wir in die Berge, damit ich mich anpasse?

"Richtig. Die *Expedition* ist ein Katalysator für deine Veränderungen. Das Training hat ausgereicht, um die andere Welt wenigstens zu streifen. Jetzt musst du die Einstellungen deines Bewusstseins noch tiefer verändern. Aus diesem Grund unterhalten wir uns viel. Wir nehmen von den Bergen alles, was du brauchst, damit du dich öffnen kannst und damit sich unsere *Kraftkerne* vereinen können. Sobald dies geschieht, werden wir uns in den *Lichtschatten* befinden."

Wir schwiegen ein paar Minuten lang. Tabo nahm den Kessel von der Halterung und stellte ihn hin – die Suppe war fertig. Dann setzte er sich auf seinen Platz.

"Okay, irgendwie ist schon alles logisch. Sowohl deinen Seminaren als auch den EXO-T-Expeditionen liegt also dasselbe Prinzip zugrunde?"

Ich beugte mich etwas nach vorn und klopfte ihm auf die Schulter.

"Genau. Ich würde sogar noch weiter gehen – dieses Prinzip liegt allem zugrunde. Wenn sich das Bewusstsein der Leute verändert, beginnen ihre *Kraftkerne,* in einem anderen Modus zu arbeiten, sie stellen ihre Verbindungen zu der Welt um sich herum, die tatsächlich weitaus vielfältiger ist als zuvor, wieder her. Manch einer nennt das Magie. Für einen anderen ist es Physik. Ich nenne es *Jagd*. Der Unterschied liegt nur in den Bezeichnungen, aber die Essenz ist dieselbe."

"Also wie das Prinzip 'Wenn der Schüler bereit ist, erscheint der Lehrer'?"

"Ja, so ähnlich. In der Wissenschaft nennt man es den 'Resonanzeffekt'. Wenn Wellen einer Frequenz von Wellen einer ähnlichen Frequenz angezogen werden und sich dabei gegenseitig verstärken."

"Heißt das, genau so suchst du deine *Verwandten* und *Nahestehenden*? Zuerst die Information als Katalysator. Dann folgen die Anziehung, das Verbinden der *Kraftkerne* und der Ausgang in die andere Welt? Und da sich die *Wellen* gegenseitig verstärken, werdet ihr dabei noch stärker."

Schweigend sah ich Tabo an, ich hatte dem Gesagten nichts hinzuzufügen.

"Warte mal … Heißt das, dass auch deine Bücher so funktionieren?"

Ich nickte.

"Wie ich bereits gesagt habe: Dieses Prinzip ist die Grundlage von allem. Das ist universelle Magie."

Tabo war verwirrt und dachte nach. Es war zu sehen, dass in seinem Kopf einiges ablief.

"So hast du also auch mich angezogen? Mit deinem Buch?"

"Ja, Tabo. Und die Tatsache, dass du so schnell gekommen bist, zeugt davon, dass wir beide in den *Lichtschatten* irgendwie sehr eng miteinander verbunden sind. Die Antwort auf diese Frage ist das, was ich mit dir auf dieser *Expedition* suche."

"Es gibt also auch Menschen, die einen langen Weg nehmen?", fragte mein Gegenüber lächelnd.

"Alles ist möglich. Auch die Bücher sind wie eine *Matrjoschka*, wie eine mehrstöckige Magie. Auf einer Etage befindet sich etwas Offensichtliches, etwas Vertrautes. Auf einer anderen etwas völlig Unbekanntes. Eine andere Etage weckt die Verbindung zu einem *Totem*. Wieder eine andere bringt einen *Verbündeten* oder einen *Beschützer* in diese Welt. Irgendwo zwischen all den Möglichkeiten befindet sich ein geheimer Code, der den Mechanismus der *Vorherbestimmung* auslöst. Und manch einer sieht irgendwo zwischen den Zeilen eine Einladung von mir."

"Obwohl …"

"Diese Bücher sind zum Teil in den *Lichtschatten* geschrieben worden. Noch nicht einmal ich selbst weiß, welche Teile dort geschrieben worden sind. Die Bücher enthalten Informationen für jede unserer drei grundlegenden Teilpersönlichkeiten, weil auch alle drei Teilpersönlichkeiten beim Schreiben mitgewirkt haben. Wer sich was aus den Büchern mitnimmt, hängt von der Offenheit gegenüber dieser Informationen ab."

"Was ist mit den Lesern, die eine Einladung von dir bekommen? Verstehen sie, was geschieht? Wird von ihnen irgendeine bewusste Handlung erwartet?"

"Nein. Meistens schlägt das Bewusstsein irgendein stereotypisches Szenario vor. Einige hartnäckige Leser werden sogar wütend, wenn sie keine Rückmeldung von mir bekommen. In der *Welt der Lichtschatten* aber ist alles anders. Dort beruht alles auf äußerst subtilen Wechselbeziehungen. Genau aus diesem Grund habe ich auch einen solchen 'Korridor' aus Büchern geschaffen – all das sind Einstellungselemente. Es ist wie ... als würdest du in neuen Städten, im Hotel, wo du untergebracht bist, meine Spuren finden. Es ist ein neues Hotel, aber du verstehst, oder vielleicht verstehst du es nicht, sondern spürst es, dass ich mich irgendwann einmal hier aufgehalten habe. In manchen Hotels findest du vielleicht sogar eine kleine mit Bleistift an die Wand geschriebene Notiz, so etwas wie 'Andrej war hier' ... Vielleicht liegen irgendwo in den Zimmern von der Putzfrau übersehene Dinge herum, zum Beispiel ein Notizbuch oder ein Foto. Und möglicherweise begreifst du mit der Zeit sogar, dass du und ich auf unseren Reisen nicht aus Zufall dieselben Hotels und sogar dieselben Zimmer auswählen. In all dem liegt ein tiefer Sinn verborgen, irgendeine unsichtbare, aber wahrnehmbare Anziehung. Und dann kommt irgendwann der Tag, an dem du wieder ein Hotel betrittst, irgendwo am Ende der Welt, und ..."

"Dort treffe ich auf dich?", lachte Tabo.

Ich machte eine beschwichtigende Handbewegung.

"Ganz so eindeutig ist es nicht", lächelte ich, "du kannst mich dort spüren und dir vollkommen sicher sein, dass ich es bin, der dich hinter der Tür erwartet, aber ... dann findest du dort einen alten Altaier oder vielleicht auch eine atemberaubend schöne Frau vor."

"Und wie ist das zu interpretieren?", fragte mein Wegbegleiter verwirrt.

"Das sind *Nahestehende* ...", sagte ich, "oder sogar *Verwandte*, mit denen du eine sehr tiefe Verbindung hast. Sie sind Perlentaucher, die am Rande der *Lichtschatten* auf dich warten."

Morgengrauen. Noch war es kalt im Zelt, aber sobald die ersten Sonnenstrahlen darauf fielen, erwärmte es sich und es wurde stickig und heiß darin. Ganz besonders, wenn man bis zum Kopf eingemummelt im Schlafsack lag. Wir warfen das feuchte Zeltdach zurück und sogleich strömte frische Luft herein, die uns einen munteren Morgen wünschte. Wir standen auf, rollten unsere Schlafsäcke zusammen und packten sie in ihre Hüllen. Ein Feuer machten wir nicht, denn das würde viel Zeit in Anspruch nehmen. Und genau das hatten wir nicht, denn heute lag ein ordentlicher Geländemarsch vor uns. Das aufgekochte Wasser von gestern Abend wurde in die Thermosflaschen gefüllt, Sandwiches wurden geschnitten, das Zelt gepackt und los ging's.

Wir wanderten zum Ausgang des Tals und kletterten einen steilen Pass hinauf, wo wir gelegentlich Halt machten. Während wir liefen, schwiegen wir, aber während der Pausen antwortete ich weiter auf die Fragen meines Gefährten.

"Kam, was ist, wenn ein Mensch die Information erhalten hat, es ihn irgendwo hinzieht, aber er trifft weder dich noch sonst jemanden der *Jäger*, was bedeutet das dann? Bleiben ihm die *Lichtschatten* verschlossen?"

"Na ja, erstens haben die *Jäger* kein Monopol auf die *Lichtschatten*", lächelte ich, "und zweitens, wie ich bereits gesagt habe, kann der Kontakt mit den *Jägern* sowohl in Bezug auf Zeit, Form und Inhalt völlig unvorhersehbar sein. Vielleicht erwartest du einen weisen, erfahrenen Schamanen, der dich in die schamanischen Geheimnisse einweiht, doch dann taucht scheinbar völlig zufällig ein Kerl auf, der erst acht Jahre alt ist und dem du überhaupt keine Aufmerksamkeit schenkst."

"Ach was! So etwas kann auch passieren?", fragte Tabo freudig.

"Natürlich", murmelte ich und erinnerte mich an meine erste Begegnung mit Igrun, einem Jungen, der der Erste war, der für mich die *Lichtschatten* geöffnet hatte. Erst danach kamen die *Jäger* – Schorchit, Araskan, Ajruk, Ungen, Danilytsch, Polina …

"Nun, und drittens ist diese Welt so vielseitig, dass es neben den *Jägern* noch eine unvorstellbar große Menge an *Begleitern* gibt, die bereit sind, die *Lichtschatten* für die Leute zu öffnen."

"Okay, verstehe. Das heißt, jeder kann irgendwie seinen Weg dorthin finden?"

"Wir befinden uns alle bereits in den *Lichtschatten*. Einen Weg brauchen wir nur für unser Bewusstsein, das uns den Zutritt dorthin versperrt. Und wer weiß, worauf das Bewusstsein reagiert, bevor es sich für die Begegnung mit der neuen Welt öffnet."

Wir holten die Wasserflasche hervor und nahmen jeder ein paar Schlucke.

"Kam, warum haben wir es so eilig? Müssen wir zu einer bestimmten Zeit irgendwo ankommen?"

"Ich weiß es nicht. Aber ich kann den *Arkol* spüren. Er zieht uns an."

"Was ist, wenn wir es nicht rechtzeitig schaffen?"

"Niemand weiß, wie ein *Arkol* funktioniert. Es ist möglich, dass er ein paar Minuten, bevor wir ihn erreichen, verschwindet und auf der anderen Seite des Erdballs auftaucht. Zehn Jahre später."

"Oho! Und was macht man dann?"

"Einen anderen *Arkol* suchen. Aber man kann nicht wissen, wie lange das dauern würde."

"Kam, warte mal. Weißt du noch, dass du gesagt hast, dieser *Arkol* wäre nur für mich bestimmt? Warum kannst du ihn dann spüren und ich nicht?"

Ich zwinkerte Tabo zu.

"Sehr gut, du beginnst, Dinge zu bemerken! Ich bin schließlich ein *Begleiter*. Ich begleite dich und das bedeutet, dass wir uns aufeinander einstellen. Eigentlich ist es so, dass du den *Arkol* spürst, nur dein Bewusstsein hat das noch nicht verstanden. Ich spüre ihn also über dich."

"So was, das ist auch eine Möglichkeit?"

"So muss es sein! Darin liegt der Sinn der *Jagd*. Wir betreten die *Lichtschatten* durch den jeweils anderen."

"Das verstehe ich nicht ganz ..."

"Lass uns gehen, Kumpel! Los, wir wollen das einholen, was uns bereits zu entgleiten droht."

Wir standen auf und setzten uns wieder in Bewegung. Die Sonne stand schon hoch am Himmel, was bedeutete, dass es auf unserem Weg sehr heiß werden würde.

Erinnerungen

DIE JÄGER

(Altai, 1998)

"Wir wissen wohl, was wir sind, aber nicht, was wir werden können."[9]

William Shakespeare

Wir gingen einen kaum sichtbaren Pfad entlang, ich und Schorchit, der alte Altaier, der mich die Kunst der *Jagd* lehrte. Zu unserer Rechten befand sich eine hohe Bergkette – der Nördliche Tschuja-Kamm. Heute war es wolkig, die schneebedeckten Gipfel waren unter einem Vorhang schwerer Gewitterwolken versteckt. Schorchit blieb stehen und schlug vor, dass wir uns auf zwei kleine Felsbrocken setzten, die direkt vor uns lagen. Trotz der Tatsache, dass der *Jäger* schon recht alt war, sah es so aus, als wäre von uns beiden nur ich es, der erschöpft war – der Alte

---

9 Quelle d. Übersetzung: https://www.zitate.eu/autor/william-shakespeare-zitate/32609

war nicht einmal außer Atem. Anscheinend machte sich seine langjährige Erfahrung des Laufens in der Taiga bemerkbar. Schor schaute mich an, als würde er meine Verfassung einschätzen wollen.

"Weißt du, warum du erschöpft bist und ich nicht?"

Ich massierte meine verkrampften Waden, während ich über diese offensichtliche Widersprüchlichkeit nachdachte.

"Weil du Übung hast?"

Schor blinzelte.

"Was spielt Übung hier für eine Rolle? In meinem Alter sollte sich Übung nachteilig auf meine Muskeln auswirken. Und doch kann ich, ein alter Mann, problemlos weiterlaufen, während deine jungen Beine schon Krämpfe bekommen."

Ich suchte immer noch nach einer Antwort.

"Du trinkst spezielle Kräutermischungen."

"Das stimmt", lachte der *Jäger*, "und du trinkst sie auch. Aber warum schafft mein Körper, der fast dreimal so alt ist wie deiner, so viel mehr als deiner?"

Ich schaute den Schamanen an, während ich versuchte, dieses Dilemma nicht auf rationale Weise, sondern mithilfe meiner Empfindungen zu verstehen.

"Du bist sehr stark, ungeachtet deines Alters. Du hast *Kraft* ..."

Der *Jäger* nickte zustimmend.

"So ist es. Ein Körper kann jung sein, aber keine *Kraft* haben. Wenn das der Fall ist, nützt die Jugend nicht viel. Einige in deinem Alter sind überhaupt wie tot. Nicht einmal richtig laufen können sie - gerade mal vom Auto zum Sessel, und selbst das ermüdet sie."

Er zeigte mit der Hand auf den Pfad im Gras.

"*Kraft* braucht einen kräftigen Körper. Aus diesem Grund laufen die *Jäger* viel. Vom gewöhnlichen Marschieren allein wird die *Kraft* nicht größer, es schafft nur die Grundlage dafür. Um *Kraft* zu bekommen, braucht es noch etwas anderes."

Schor sah mich fragend an, als wollte er mich auffordern, meine Vermutung zu äußern. Ich nahm mein Kopftuch ab und trocknete damit mein Gesicht. Ich konnte spüren, wie die frische Luft meine Haare berührte.

"Man muss eine bestimmte geistige Einstellung haben."

"Wie bekommt man die?"

"Man muss seine Gedanken ändern …"

Schorchit schmunzelte.

"Die Gedanken ändern – das klingt fast so wie das Leben ändern. Obwohl, im Grunde genommen ist es ja genau das."

Der *Jäger* zeigte mit seiner Hand auf meine Brustgegend.

"Der dir vertraute Körper kann nicht wissen, was *Kraft* ist, denn alles in ihm widersetzt sich dieser *Kraft*. In deinem Körper lebt das Wissen über Muskelkraft, aber darüber, was *Kraft* bedeutet, kannst du nur spekulieren. Genau deshalb versucht deine körperliche Kraft, sich gerade mit meiner *Kraft* zu messen", der Schamane nickte grinsend in Richtung meiner Beine, die ich immer noch massierte, "und sie verliert in diesem Vergleich."

Er stand auf und bedeutete mir, es ihm gleichzutun.

"Wir müssen weiter. Los, ich werde dir auf dem Weg etwas erzählen. Du schweigst am besten. Spare deine Kräfte, du hast ohnehin nicht viel übrig."

Wir liefen den Berg hinauf. Schorchit ging voran, seine Schritte waren kurz. Ich beobachtete ihn und versuchte, mich im Takt mit seinen Beinen zu bewegen. Doch obwohl er deutlich kleinere Schritte machte als ich, konnte ich einfach nicht in seinen Rhythmus finden. Der *Jäger* schien meine vergeblichen Bemühungen zu spüren, blieb stehen und drehte sich zu mir um.

"Versuch nicht, wie ich zu gehen. Du hast deine Schritte, ich habe meine. Versuche lieber, dich in deinen eigenen Gang hineinzufühlen."

Wir liefen weiter.

"Der Körper, den du kennst, ist solche Belastungen nicht gewohnt. Er ist vieles nicht gewohnt. Und er will sich nicht daran gewöhnen. Es ist schwer, ihn zu Veränderung zu zwingen. Deshalb wird er all deine Versuche, ihn zu verändern, ins Leere laufen lassen."

Ich atmete schwer. Die Sonne schien mir den Rest meiner Kraft zu rauben, sie entzog meinem Körper alles Wasser und trocknete ihn aus.

"Wenn du etwas Neues lernen willst, musst du deinen gewohnten Körper aufgeben."

Der Schamane blieb stehen und drehte sich um. Mit einer Pause verdeutlichte er die Wichtigkeit des eben Gesagten.

Ich blieb ebenfalls stehen, aber mein von der Hitze ausgelaugtes Gehirn konnte nicht verstehen, was der *Jäger* damit meinte.

"Was heißt das, Schor? Was bedeutet es, den Körper aufzugeben?"

Der Schamane wirkte ernst. Das war schlecht. Denn entweder meinte er es tatsächlich ernst, oder es handelte sich um eine erneute "List" der *Jäger*, die voll von unmenschlichem Sarkasmus war. Ich schwieg, wartete auf eine Erläuterung und nutzte den Stopp für eine kurze Ruhepause.

"Hab keine Angst. Dein gewöhnlicher Körper zittert innerlich vor Angst. Es geht lediglich darum, aus deinem gewohnten Körper in einen anderen, dir weniger vertrauten, überzugehen."

Ich atmete ein paar Mal mechanisch tief ein und aus, beruhigte meine Atmung, aber hinter diesem krampfhaften Verhalten war tatsächlich der Versuch des Körpers zu spüren, die plötzlich aufkommende Nervosität zu bezwingen. Der Schamane beobachtete mich.

"Dein Körper ist nicht die einzige dir zugängliche Form. Ein Körper befindet sich immer in einer bestimmten Stimmung. Und unsere Körper verfügen über mehrere verschiedene Stimmungen. In einer davon hast du den größten Teil deines Lebens verbracht, weshalb du dich an sie gewöhnt hast und glaubst, sie sei die einzige. Aus diesem Grund verschließt du dich der Möglichkeit, dass es noch eine andere Stimmung gibt, in der dein Körper ein anderer ist."

Schorchit schaute sich die Umgebung an und gab mir Zeit, über das Gehörte nachzudenken.

"Die für uns gewöhnliche Stimmung nennen die *Jäger* den 'Körper des *Mangen*'. Er ist äußerst langsam, faul, hungrig und krank. Das ist so, weil er vergiftet ist. Eine fremde Stimmung, ein fremder Geist, lebt zusammen mit uns in diesem Körper. Während du dich darin befindest, wirst du deshalb niemals Zugang zur *Kraft* haben. Solange du in dieser Stimmung hinter mir hergehst, werden deine *Kräfte* mit jedem Schritt nachlassen, anstatt zu wachsen."

Der Schamane klopfte sich leicht mit der Faust auf die Brust.

"Um die *Kraft* zu finden und sie aufzunehmen, musst du die momentane Stimmung verlassen. Dein neuer Körper wird weitaus widerstandsfähiger und schneller sein als der alte."

Verdutzt hörte ich in mich hinein.

"Und wie kann ich in diesen neuen Körper übergehen? Mithilfe meiner Willenskraft?"

Der Schamane lachte.

"Nein. Anstrengung wird hier nichts nützen. Die *Jäger* nennen diese Stimmung den 'Körper des *Menschen*'. Verstehst du?"

Ich schüttelte den Kopf. Schorchit hatte anscheinend auch nicht erwartet, dass ich es auf Anhieb verstehen würde.

"Dein Verstand wird es nicht verstehen, denn er steckt in der alten Stimmung fest, welche den Verstand bewacht."

"Und wie kann ich es anstellen, sie zu überlisten?"

Schorchit kam näher und legte die Hand auf meine Schulter.

"Allein gelingt das nur sehr schwer, die Gewohnheit ist zu stark. Doch jetzt laufen wir gemeinsam. Du in der gewöhnlichen Stimmung und ich - in einer anderen. Glaubst du etwa, ich zeige dir grundlos meine Überlegenheit? Hältst du Schorchit für einen Angeber?"

Er gab mir einen freundlichen Klaps auf den Arm.

"Ich möchte, dass dein Versand sieht, dass meine Stimmung stärker ist als deine, und deinem Körper die Möglichkeit geben, sich auf meinen einzustellen. Während wir laufen unterhalten sich unsere Körper miteinander. Allmählich gehst du in eine andere Stimmung über, in der es möglich ist, die *Kraft* zu spüren. Genau das ist die *Jagd* ..."

Wir saßen hinter einem großen Felsen, der uns vor dem Wind und vor der Sonne schützte. Schorchit reichte mir seine lederne Feldflasche mit Wasser, denn meine Flasche war schon längst leer.

"Damit du *jagen* kannst, musst du die Instinkte wecken, die in dir schlafen. Sie leben im neuen Körper. Um von einem Körper in den anderen überzugehen, muss man lernen, wie man die Verbindung zwischen ihnen hält. Andernfalls wirst du alles Neue sofort wieder vergessen, wenn du in deine vorherige Stimmung zurückkehrst. Die Kunst der *Jagd* beginnt deshalb immer mit dem vertrauten Körper. Setz dich, schließ die Augen und entspann dich. Du befindest dich gerade an der Grenze zwischen den Körpern. Das ist ein sehr guter Zustand. Hör auf deinen dir bekannten Körper. Fühle, wie er die Welt über die Hautoberfläche aufnimmt. Das sind seine gewöhnlichen Grenzen. Hör auf die Haut, fühle die Berührungen."

Ich konzentrierte mich auf die taktile Wahrnehmung. Ich spürte die sanfte Berührung des leichten Windes, die Kleidung auf meiner Haut, fühlte den Felsen und die Erde unter mir ... Nach einer Weile vernahm ich die Stimme des Schamanen.

"Geh jetzt in deinen Körper hinein. Hör ihm von innen zu."

Ich verschob die Wahrnehmung. Mein Verstand sagte mir, dass sich im Innern des Körpers alles in Bewegung befand – Blut floss durch die Venen, Muskeln kontrahierten, verschiedene Flüssigkeiten waren in Zirkulation. Doch wirklich fühlen konnte ich diese Dynamik nicht. Im Laufe der Jahre hatte mein Verstand diese Dynamik so gewöhnlich und unmerklich werden lassen, hatte nur den äußeren Veränderungen Beachtung geschenkt, dass ich nun vergebens versuchte, auch nur eine Kleinigkeit zu "hören". Dann beschloss ich, mich auf innere Anspannungen zu fokussieren und fand sogar einige gut wahrnehmbare Bereiche, als Schorchits Stimme wieder meine Aufmerksamkeit auf sich zog.

"Kehre zur Körperoberfläche zurück, erforsche ihre Grenzen."

Nach einer Weile konnte ich sogar eine winzige Ameise wahrnehmen, die von einem Grashalm neben mir auf meinen Finger geklettert war.

"Geh jetzt über die Grenzen deines Körpers hinaus. Nimm den Raum um dich herum wahr, alles, was sich ungefähr eine Armlänge von dir entfernt befindet."

Ich "dehnte mich aus". Es war sehr ungewöhnlich, all das zu fühlen, was sich ein Stückchen von mir entfernt befand.

"Dein alter Körper weiß nicht, was das ist", flüsterte der Schamane, "es ist eine neue Erfahrung für ihn. Für deinen neuen Körper hingegen ist es ganz einfach – er weiß, wie man der Umgebung zuhört. Lass dich gehen. Überschreite deine Grenzen."

Ich lernte, den Stein des Felsens aus der Ferne zu fühlen, so wie ich es noch vor einer Minute mithilfe meiner Hand getan hatte. Es war äußerst merkwürdig, den Wind nicht mit der Haut zu spüren, sondern mit irgendetwas im Innern.

"Geh noch weiter. Fühle jetzt alles, was sich in drei Metern Entfernung befindet."

Ich "dehnte" mich noch ein bisschen weiter aus.

"Entfernung hat nur für deinen Verstand eine Bedeutung, dein neuer Körper aber weiß nicht, was das ist. Was in einem Meter Entfernung liegt, kannst du genauso gut wahrnehmen wie das, was tausend Meter weit entfernt ist. Mit der Zeit wirst du dich an dieses neue Gefühl gewöhnen."

Ich wusste nicht, wie viel Zeit vergangen war, aber ich hatte mich vollkommen in meinen Empfindungen aufgelöst. Mal reduzierte ich den Wahrnehmungsradius auf einen Meter, mal weitete ich ihn bis zu dem in der Nähe gelegenen Berg aus, der einige Kilometer von uns entfernt emporragte. Nach einer Weile begann ich, die räumlichen Orientierungspunkte zu verlieren. Es war mir absolut gleichgültig, was ich wahrnahm: meinen inneren Raum, die Oberfläche meiner Haut oder die Bergkette. Ein heftiger Ruck ließ mich wieder zu mir kommen. Ich musste eingeschlafen sein. Schorchit schüttelte mich am Arm.

"Lausche den Grenzen deines Körpers. Komm zurück. Verdichte dich wieder."

Ich hörte ihm durch den Schleier des Schlafes zu, in den ich durch die Wahrnehmungsübungen gefallen war. Es fiel mir unheimlich schwer, mich auf die Empfindungen auf der Körperoberfläche zu konzentrieren. Als ich wieder normal denken konnte, klopfte Schorchit mit seinen Händen meinen Kopf, meine Schultern, meine Brust und Beine ab, als würde er mir meine frühere materielle Form wiedergeben. Diese "Massage" ließ mich endgültig wieder zu mir kommen.

"Ich bin eingeschlafen."

"Ja. Dein alter Körper hat dich zurückgebracht. Er ist sehr zähflüssig, wie ein Sumpf. Er hält dich in der alten Stimmung fest. Aber das macht nichts, mit der Zeit wirst du eine neue Gewohnheit entwickeln und dein neuer Körper wird für dich genauso gewöhnlich sein wie der alte. Sobald deine beiden Körper eins geworden sind, werden wir uns außerdem auf die Suche nach dem dritten Körper machen."

"Es gibt noch einen dritten Körper?", fragte ich geistesabwesend, während ich tief die Bergluft einatmete.

"Natürlich", antwortete der *Jäger* in gleichmütigem Ton. "Sobald du ihn aufgespürt und verstanden hast, wirst du in die *Lichtschatten* eintreten können."

Er sah mich seltsam an, irgendwie zu wachsam. Dann verstand ich, dass er nicht mich ansah, sondern irgendwohin in die Tiefe blickte. In diesem Moment dämmerte es mir:

"Schor! Befindest du dich etwa gerade in diesem Körper? Im *dritten?*"

Schorchit antwortete nicht. Sein Blick erinnerte an zwei Brunnen, in denen helle Sterne funkelten, die mich an einen anderen Ort zogen, in einen völlig anderen Zustand, der jenseits der üblichen Interpretationen des Verstandes lag.

– AKSIR –

Exoten

DER WEG IN DIE BERGE ...
(Altai, 2015)

A und B saßen auf dem Schornstein.
A fiel runter, B verschwand.
Wer sitzt noch auf dem Schornstein?

Kinderrätsel

Wir hatten wieder einen Platz zum Übernachten gewählt – eine kleine Lichtung, die ringsum von riesigen Felswänden geschützt war. Es war ein perfekter Ort für unser Zelt und ein Lagerfeuer, denn die Winde des Hochgebirges konnten hier nicht eindringen. Wir sammelten genügend trockenes Holz, damit es bis zum nächsten Morgen reichen würde, und machten ein Lagerfeuer.

"Die Übung, die du mir gezeigt hast, Kam, um die Grenzen des eigenen Körpers zu überwinden – dient sie dazu, den *Arkol* zu finden?"

"Auch, ja. Die Jagdinstinkte sind für den modernen Menschen unabdingbar. Wir brauchen diese Übung im Moment aber dafür, um eine *Brücke* zwischen Teilpersönlichkeit A und B zu bauen."

"Wozu?"

"Du hast es noch immer nicht verstanden?", ich zwinkerte Tabo zu. "Alles, was ich beim Training über die Teilpersönlichkeiten gesagt habe, ist keine Abstraktion. Jede der Teilpersönlichkeiten ist mit der entsprechenden Gehirnhälfte verbunden. Indem wir eine stabile Verbindung zwischen den Gehirnhälften herstellen, machen wir es möglich, auf eine andere Wahrnehmungsebene zu wechseln."

Ich suchte mir einen dicken Stock aus dem Holzhaufen und malte damit neben unseren Füßen zwei Punkte auf die Erde.

A und B.

"Teilpersönlichkeit B. Linke Hemisphäre. Logischer Verstand. Dieser Körper", ich zeigte mit dem Stock auf Tabos Brust, "ist unter dem Einfluss von diesem Wahrnehmungssystem geformt worden. Deshalb ist er so langsam und schwach. Dieser vom Virus des *Mangen* vergiftete Körper ist von der *Mortido*-Energie durchzogen."

Mit dem Stock zeigte ich auf Punkt A.

"Teilpersönlichkeit A. Rechte Hemisphäre. Gefühle. Dieser Körper ist schnell und leicht, aber er ist kaum Teil unseres alltäglichen Lebens. Je mehr Empfindungen wir erleben, die mit diesem Körper verbunden sind, desto weniger Einfluss wird Teilpersönlichkeit B auf uns haben. Nach und nach kommen die beiden ins Gleichgewicht."

Ich verband beide Punkte mit einer Linie.

"Sobald die Grundlage geschaffen ist, können wir weitergehen."

Ich malte einen Pfeil, der nach oben zeigte und machte dort noch einen Punkt.

"Es ist an der Zeit, dir von der nächsten Teilpersönlichkeit zu erzählen. Von den *Jägern* wird sie als *Feuermacher* bezeichnet, die mit ihr verbundene Stimmung nennen sie den 'Körper des Schamanen'. Ich nenne diese Teilpersönlichkeit den *Leuchtenden*.

Wir saßen auf einem der Felsen und blickten auf die Bergkette in der Ferne. Ein faszinierender Anblick.

"Erinnerst du dich daran, wie ich über den *dritten Ring der Kraft* gesprochen habe?"

"AKSIR?"

"Ja. Eine der wichtigsten Künste dieses Rings ist die SCHÖNHEIT. Was ist deiner Meinung nach Schönheit eigentlich?"

Tabo zeigte mit der Hand auf die Berge, die sich vor uns erstreckten.

"Das hier – das ist Schönheit."

"Was gibt sie dir?"

Verwirrt hob Tabo die Schultern.

"Es sieht eben schön aus. Ein ästhetischer Genuss."

Ich schloss die Augen. Meine Haut spürte, wie der Wind sie mit einem leichten Hauch berührte. Ich atmete seinen feinen Geruch ein. Ich "dehnte mich aus" und begann, das Tal, die Lärchen und die Bäume zu spüren. Ein unsichtbarer Treibstoff schien plötzlich durch meine Adern zu fließen, der meinen inneren Raum entfachte.

"Für den Beta-Körper ist Schönheit zu etwas Abstraktem, Episodischem geworden. Für die *Jäger* ist *Schönheit* ein Teil ihrer Religion. Sie ist für sie eine reale *Kraft*, Energie."

Obwohl meine Augen geschlossen waren, konnte ich spüren, wie Tabo mich ansah.

"Wir befinden uns gerade an einem sehr kraftvollen Ort. Vor einiger Zeit hatte Roerich sich hier sehr gerne aufgehalten. Er war der Meinung, dass die Erkenntnis von Schönheit das Gesetz des Seins sei."

Ich öffnete die Augen, aber das Gefühl von Erfülltheit und Ausgeglichenheit blieb, weshalb ich den Raum um mich herum weiterhin wahrnehmen konnte.

"Roerich schrieb: 'Das Leben im Universum und die Evolution der Menschheit entwickeln sich durch die Schönheit.' Außerdem sagte er: 'Wenn wir über Liebe, Schönheit und Handeln reden, dann wissen wir, dass wir die Formel der internationalen Sprache aussprechen.' ... 'Das Bewusstsein für Schönheit wird die Welt retten.'"[10]

Die Sonne war bereits kurz vorm Untergehen, der Himmel war von orangefarbenen Schlieren durchzogen und auf den fernen Bergen lagen bizarre Schatten, die sie in fliederfarbene Töne tauchten.

"Es ist äußerst wichtig, dass unsere Zeitgenossen ihre Beziehung zu ihrer Umwelt ändern. Wir müssen wieder anfangen, ihre *Schönheit* zu sehen. Das ist nicht nur so dahingesagt. Roerich schrieb des Weiteren darüber, dass Schönheit psychische Energie sei. Sie ist nicht nur ein Element der ästhetischen Wahrnehmung – sie ist etwas Reales, das sein eigenes Bewusstsein hat, das *Kraft* hat. 'Unter dem Banner der Schönheit werden wir freudig voranschreiten. Durch Schönheit werden wir siegen. Durch Schönheit sind wir vereint. Und wenn wir den Weg der wahren Realität erkennen, begrüßen wir die Zukunft mit einem Lächeln des Glücks und der Freude.'"[11]

Tabo lächelte.

"Ja, Wahnsinn. Und wirklich – das AKSIR funktioniert! Hier sitzen wir beide gerade außerhalb der Zeit, eingetaucht in Schönheit, und ich fühle mich frei und stark. So gut ging es mir schon

---

10 Zitate frei übersetzt, Anm. d. Übers.
11 Zitat frei übersetzt, Anm. d. Übers.

seit vielen Jahren nicht mehr, stell dir vor. Als wären wir in einer anderen Welt."

Ich nickte.

"Wir sind auch in einer anderen Welt. Das sagte ich bereits ... Dein Bewusstsein ist nur noch nicht richtig eingestellt, um dies zu bemerken. Zu diesem Zweck habe ich damals EXO-T gegründet – das Eintauchen in die *Schönheit*. Der Übergang erfolgt nicht mithilfe irgendwelcher magischer Formeln und Übungen. In Wirklichkeit ist alles viel einfacher. Doch unsere Teilpersönlichkeit B liebt komplizierte Varianten. Der Mensch ist über direkte Kontakte mit seiner Umwelt verbunden. Die *Schönheit* ist der kürzeste Weg. Wenn *Schönheit* unsere Augen erfüllt, so füllen wir uns mit *Kraft,* wir erweitern unsere Grenzen, wir verdrängen die dunkle *Mortido*-Energie aus uns. Das Eintauchen in die *Schönheit* bezeichnen die *Jäger* als 'die Berührung mit der Ewigkeit'. Das sind nicht nur leere Worte. Es handelt sich dabei um die magische Kunst AKSIR. Sie neutralisiert die Fallen der *Mangen* – *Zeit* und *Hunger*. Wir müssen aufs Neue lernen, uns umzusehen. Während wir die *Schönheit* betrachten, müssen wir uns von der Zeit lösen und die uns umgebende Pracht über die Augen und den Körper in uns aufnehmen. So öffnen wir den Weg für die *Kraft*. So werden die unterdrückten Rhythmen aktiviert. Indem wir uns vom *Mortido* befreien, erlangen wir eine nie da gewesene Leichtigkeit des *Lebens*."

Eine Weile saßen wir schweigend da, beobachteten einfach nur den Sonnenuntergang am Horizont. Das Tal, das vor uns lag, wurde in eine durchdringende, smaragdgrüne Farbe gehüllt. Auch ein paar weiter entfernt liegende kleine Seen änderten ihre Farbe.

"Früher, zu Zeiten der Samurai in Japan, wurde die *Schönheit* als ein Aspekt des höchsten Ausdrucks der eigenen Seele verehrt. Vor ihrem Tod entschieden sich die Samurai dafür, die Welt durch die *Schönheit* zu verlassen. Sogar in ihren Abschiedsgedichten war diese feine Energie enthalten. Die Samurai waren aber nicht nur Romantiker, sie waren unerschrockene Krieger, Pragmatiker. Doch sie konnten die Gesetze des *Lebens* und des *Todes* fühlen wie niemand sonst, so dass sie sogar über eine Kirschblüte trauern konnten, die vom Ast gefallen war."

Ich wandte mich meinem Weggefährten zu.

"Warum erzähle ich dir das? Die *Schönheit* ist der direkte Weg zum *Leuchtenden*. Du musst verstehen, dass es so gut wie unmöglich ist, den *Leuchtenden* mithilfe unserer alten Gewohnheiten aufzuspüren. Deshalb lernen wir, in einer neuen Sprache zu sprechen."

"Kam, das mit dem *Leuchtenden* habe ich noch nicht ganz verstanden. Das Konzept von Alpha und Beta war leicht nachzuvollziehen, aber hiervon kann ich mir irgendwie kein Bild machen."

"Das ist nicht verwunderlich. Die Teilpersönlichkeiten B und A befinden sich in einem Bereich, der uns bewusst ist. Der *Leuchtende* lebt viel tiefer. Er ist eine unserer 'Matrjoschka-Figuren'. Man könnte sagen, dass der *Leuchtende* eine unbewusste Existenzebene eines bestimmten Teils unserer Seele in den *Lichtschatten* ist."

Ich konnte sehen, dass ich damit die Sache für Tabo in keinster Weise verständlicher gemacht hatte und grübelte auf der Suche nach einem passenden Vergleich.

"Hm, wie soll ich es erklären ... Hast du dich vielleicht schon einmal so gefühlt, als sei das Leben, das du gerade lebst, nicht das einzige?"

Tabo nickte.

"Na bitte. Ein vages Gefühl, dass du gleichzeitig noch irgendwo anders lebst. Unerwartete Situationen, Erinnerungen, Bilder, Erlebnisse. Genau das ist der *Leuchtende*. So durchbricht er deine *Verkrümmung*, all deine Filter, die eine deiner 'Matrjoschkas' eingrenzen. Und zwar die, die du für dein einziges 'Ich' hältst. Mithilfe des *Leuchtenden* können wir bewusst in die *Lichtschatten* eintreten. In Wirklichkeit befinden wir uns eigentlich schon dort, wir sind uns dessen nur nicht bewusst."

"Sind unsere Traumwelt und die *Lichtschatten* denn dasselbe?"

"Nein. Träume sind keine Welt, sie sind ein Prozess. Wenn du schläfst, befindest du dich manchmal in deinem Verstand, in den Erinnerungen. Manchmal betrittst du die *Lichtschatten*. Der *Leuchtende* ist ein *Begleiter*. Lerne, dir des *Leuchtenden* gewahr zu werden und so wirst du lernen, wie man in die *Lichtschatten* gelangt."

Tabo nickte in Richtung der Berge, die im Licht des Sonnenuntergangs lagen.

"Verstehe ich richtig, dass wir jetzt gerade mit dem *Leuchtenden* Bekanntschaft schließen?"

"Ja, unsere *Leuchtenden* befinden sich im Moment hier bei uns und bewundern diesen wundervollen Anblick. Da du das *Aksir* spüren konntest, heißt das, dass sich der *Leuchtende* bald offenbaren wird ..."

DER DUNKLE BEGLEITER

EINE JAGD IN DER TRAUMWELT

"Jemand, der bei Verstand ist,
würde wohl kaum von mir träumen."[12]

Aus dem Film "Alice im Wunderland"

Ein langer Korridor mit blauen Wänden, die silbern glitzern. Eine unglaubliche Geschwindigkeit. Es fühlt sich an wie ein unkontrollierbarer Flug in einem Windkanal. Ich versuche anzuhalten, aber eine unerbittliche Kraft trägt mich weiter. Weiter? Ich blicke nach vorn in der Hoffnung, wenigstens irgendetwas sehen zu können außer diesem glitzernden Blau. Es wird immer schwieriger, bei Bewusstsein zu bleiben. Was ist das? Ist das die Wirkung des *Arkols* unter uns? Ich versuche, den Flug zu verlangsamen, aber vergeblich, der Strom trägt mich weiter, die Geschwindigkeit nimmt zu. Ich verliere die Orientierung. Wände, Boden, Decke – alles ist vermischt in diesem endlosen Korridor. Ich löse mich in ihm auf ... Ein Stoß. Eine Explosion. Ein Blitz.

---

12 Zitat frei übersetzt, Anm. d. Übers.

Ich öffnete die Augen und lauschte in die mich umgebende Dunkelheit. Tabo schlief neben mir in seinem Schlafsack. Seiner Atmung nach zu urteilen, hatte er wohl gerade nicht den angenehmsten Traum. Mein Gefährte knirschte mit den Zähnen und stöhnte leise. Er bewegte seine Beine, als würde er vor einem Albtraum fliehen, den nur er sehen konnte. Meine Atmung normalisierte sich. Ich war nicht ohne Grund aus meinem Traum aufgewacht. Eigentlich hätten Tabo und ich uns dort treffen sollen. Aber er war irgendwo am Rande des Bewusstseins zurückgeblieben. Zusammen mit seinen Ängsten. Aber das bedeutete ... dass man ihn wahrscheinlich einfach nicht *tiefer* gehen ließ ...

Ich verschob meine Wahrnehmung, aktivierte alle meine Sinne und kaum berührte ich die *Lichtschatten*, da sah ich ihn schon – den *Fremden*. Direkt über uns schwebte ein großer schwarzer Fleck, die Ränder seines tintenfarbenen Körpers zitterten abscheulich. Der *Schiig!*

Ich öffnete den Verschluss meines Schlafsacks und beugte mich, nachdem ich meine Hände befreit hatte, zu Tabo hinüber, um ihn wachzurütteln.

"Steh auf! Tabo! Wach auf!"

Er krümmte sich und wimmerte jämmerlich. Ich schüttelte ihn kräftiger.

"Na los! Tabo! Komm zurück!"

Er öffnete die Augen, schluchzte auf und wich instinktiv in seinem Schlafsack vor mir zurück.

"Hab keine Angst! Ich bin's. Alles ist gut. Du hast geträumt. Es war nur ein schrecklicher Traum ..."

Ich machte Feuer und wartete, bis Tabo wieder zu sich gekommen und aus dem Zelt geklettert war. Ich winkte ihn zu mir ans Feuer. Er kam und setzte sich erschöpft hin, als ob überhaupt keine Kraft mehr in seinen Beinen wäre. Ich reichte ihm die Flasche mit Wasser.

"Hier, wasch dich."

Er spritzte sich etwas Wasser ins Gesicht und verteilte es mit der Hand. Dann drehte er sich zu mir. In seinen geschwollenen Augen war Angst zu erkennen.

"Was war das?"

"Was hast du gesehen?"

Tabo wandte sich dem Feuer zu, fluchte leise und schwieg dann ein paar Minuten lang. Dann wandte er sich wieder mir zu.

"So etwas Schreckliches habe ich noch nie erlebt ..."

"War es deine allergrößte Angst, die du gesehen hast?"

Überrascht starrte er mich an.

"Woher ... weißt du das?"

Ich deutete auf unser Nachtlager.

"So etwas passiert oft an solchen Orten."

"An solchen Orten?"

Unsere Blicke trafen sich.

"Hast du es noch immer nicht gespürt? Wir sind angekommen."

Tabo schaute mich verdutzt an und versuchte, die Flut aus rasenden Gedanken in seinem Kopf zu beruhigen.

"Wir sind angekommen? Ist das hier etwa der *Arkol*?"

Ich nickte.

"Ja. Das hier ist unser *Eintrittsort*."

"Weißt du, Kam, wenn man an den *Arkolen* derartige Träume hat, dann können mir solche Expeditionen gestohlen bleiben."

Ich klopfte ihm mit der Hand auf die Schulter.

"Ich verstehe. Es ist schwer, wenn man so etwas nicht gewohnt ist. Aber erlaube deiner Beta-Teilpersönlichkeit nicht, dich zurückzuholen."

"Mir reicht's. Ich muss nach Hause. Morgen früh kehre ich um."

Ich legte ein frisches Holzscheit ins Feuer. Das Feuer wurde heller, sein Widerschein tanzte auf Tabos Gesicht.

"Ich weiß, was mit dir passiert ist, mein Freund. Du hattest den schlimmsten Albtraum deines Lebens und er hängt mit deinen Liebsten zusammen."

Ich schaute meinen Gefährten aufmerksam an.

"Geht es um deinen Sohn?"

Er nickte langsam.

"Woher weißt du das? Das hast du immer noch nicht gesagt. Der *Arkol* hat etwas aus mir rausgeholt, von dem ich nicht einmal etwas geahnt habe. Es war so schrecklich, dass ich mir fast in die Hose gemacht hätte."

"Das war nicht der *Arkol*."

Tabo sah mich fragend an.

"Was dann?"

Ich streckte die Hände zum Feuer hin. Es spendete meinen Handflächen wohltuende Wärme.

"Der *Arkol* hat nur die Voraussetzungen dafür geschaffen, was heute mit dir passiert ist. Doch den Albtraum hat nicht dieser *Ort* aus deinem Unterbewusstsein herausgeholt."

Ich drehte mich mit dem Rücken zum Feuer und bedeutete Tabo, es mir gleichzutun. Nachts an solchen Orten über das zu sprechen, was ich meinem Weggefährten gleich sagen würde, war äußerst gefährlich. Vor allem nach dem, was vorgefallen war. Die *Jäger* glauben, dass der Mensch auf seiner Körpervorderseite ein energetisches Schutzschild besitzt, der Rücken aber ist für alle Einflüsse offen. Aus diesem Grund kehren die *Jäger* bei Gefahr den Rücken immer dem Feuer zu.

"An einem *Arkol* wird immer eine enorme Menge an Energie freigesetzt, sowohl vonseiten des *Ortes* als auch von dir. Das führt dazu, dass sich die beiden Teilpersönlichkeiten A und B voneinander loslösen. In solchen Momenten kann es passieren, dass ziemlich abscheuliche Wesen aus der Welt der *Finsternis* auftauchen. Parasiten. Energievampire. Die *Jäger* nennen sie *Schiige*."

Ich blieb ein paar Sekunden lang still und sah, wie Tabo zu zittern begann, als würde ein eisiger Wind durch ihn hindurch wehen.

"Frierst du?"

"Nein", antwortete er irritiert, "das ist irgendeine Reaktion meiner Nerven. Mir ist ganz komisch. Als hätte ich Fieber."

"Das ist eine Reaktion deines Körpers auf das, was gerade passiert, und auf das, was du hörst. Vampire gehen immer dorthin, wo plötzlich viel *Kraft* freigesetzt wird. Aus diesem Grund sollte ein Anstieg von *Kraft* immer kontrolliert erfolgen. Denn dann kann die *Kraft* selbst dafür sorgen, sich für diese unsichtbaren Blutsauger unangreifbar zu machen."

"Meinst du ... Geister?"

"So kann man sie auch nennen. Sie sind in verschiedenen Kulturen der Welt unter verschiedenen Namen bekannt. Castaneda hat ausführlich über sie geschrieben. Er nannte sie *Flieger*. Sie gleichen tatsächlich in der Luft schwebenden dunklen Schlangen. Ich nenne sie *Rochen*."

Wir schwiegen eine Weile. Tabo rückte noch etwas näher ans Feuer und versuchte, das Zittern in seinem Körper unter Kontrolle zu bekommen.

"Du hast doch gesagt, dass es hier keine Dämonen gibt ..."

Ich schmunzelte.

"Das stimmt nicht! Ich sagte, dass man an diesen Orten nur selten welche trifft. Und damit meinte ich die *Mangysen*. Die *Rochen* befinden sich in einem anderen Raum, der nicht mit den Bergen, sondern mit dir verbunden ist. Vielleicht hatte sich dieser *Flieger* in deinen Rucksack eingeschlichen und ist so hiergekommen. Er hat auf einen geeigneten Moment gewartet, in dem sich deine Teilpersönlichkeiten voneinander trennten – und ihn dann ausgenutzt."

Ich nickte zum Zelt.

"Eigentlich hätte ich dein Bewusstsein in der *Traumwelt* finden sollen, um es dann in den *Lichtschatten* zu fixieren. Aber der 'Flieger' hat dich nicht eingelassen. Er hat deine gesamte *Kraft* ausgetrunken und du bist an der Oberfläche hängen geblieben. Wie fühlst du dich jetzt?"

"Beschissen", murmelte Tabo und mummelte sich in seine Windjacke.

"Dir ist kalt, weil du keine *Kraft* mehr in dir hast. Gerade bist du wie ein leeres Glas. Der *Flieger* hat den Moment erwischt, in dem du dich geöffnet hast, und ist mit seinen Fangarmen in die Tiefen deines Unterbewusstseins eingedrungen. Von dort hat er das herausgezogen, was dich jetzt vor Angst zittern lässt. Sie sind große Meister in dieser Art von Dingen. Sie trinken deine Energie, lassen dich vor Angst zittern und die Flucht nach hinten ergreifen. Aber es ist wichtig, dass du verstehst, was hier passiert. Und du musst auch verstehen, dass das, was mit dir im Schlaf geschehen ist, nur die Angst ist, deine Angst, die die *Rochen* an die Oberfläche geholt haben. Lass nicht zu, dass deine Angst dich beherrscht."

"Und was nun? Wie geht's weiter? Was ist mit unserer *Jagd*?"

Ich dachte nach. Der *Arkol* könnte jeden Augenblick "zusammenbrechen". Das bedeutete ... Wir mussten heute in die *Lichtschatten* gehen. Ich wandte mich Tabo zu.

"Bist du bereit, mit mir weiterzugehen?"

"Wohin? Weiter in die Berge?"

"Nein. Weiter in die *Tiefe*."

Tabo war ratlos. Er hatte sich offensichtlich noch nicht von dem Schock erholt.

"Wie würde das aussehen? Was muss ich tun?"

"Wenn der *Flieger* unseren *Schlaf* nicht gestört hätte, hättest du überhaupt nichts tun müssen. Ich hätte dich in den *Lichtschatten* gefunden und dich dort fixiert."

"Wie funktioniert das?"

"Ich hätte meine *Kraft* und mein *Bewusstsein* eine Weile mit dir geteilt. Das ist eigentlich ganz einfach. Ich habe verschiedene *Totems*, die mir bei diesem Manöver helfen. Das funktioniert aber nur, wenn dein Bewusstsein entspannt ist. Im Moment ist es unmöglich, denn du bist verängstigt und kraftlos. Wir müssen es aber unbedingt heute tun. Wir werden also eine andere Möglichkeit finden."

Tabo schüttelte es und er schlang seine Arme um sich.

"Allein die Vorstellung ist angsteinflößend ..."

"Hab keine Angst! Ich bin schließlich kein *Flieger*, ich werde dich nicht erschrecken."

"Wie würde das genau genommen ablaufen? Ich erinnere mich, dass du in deinem Buch eine ähnliche Vorgehensweise beschrieben hast. Als du die Hexe gejagt hast."

Ich lächelte.

"Ja genau. Unser heutiges Ziel ist auch eine Hexe. Nur dieses Mal wird es deine *Jagd* sein. Ich werde die ganze Zeit über bei dir sein. Hab also keine Angst."

"Wir werden also tatsächlich auch so einen tollen Rausch erleben?", Tabo grinste, doch in seiner Stimme war auch Anspannung wahrzunehmen.

"Versuch, nicht darüber nachzudenken, wie es sein wird. Dann wird es leichter, in diesen Zustand zu kommen."

Ich stand auf, streckte meine Beine und meinen Rücken, ging in Richtung Zelt und gab dabei mit einer Geste zu verstehen, dass ich gleich zurück sein würde.

Ich zog mir ein schwarzes Outfit an und kehrte dann aus dem Zelt zurück. Tabo starrte mich an, während er offensichtlich versuchte, sich daran zu erinnern, was er im Roman über dieses Ritual gelesen hatte. Unglauben stand in seinen Augen geschrieben. Unglauben darüber, dass das, was ich einst in einem Roman beschrieben hatte, ihm jetzt wirklich widerfahren sollte. Ich legte zwei Isomatten, die ich unter den Schlafsäcken hervorgeholt hatte, auf das Gras vor dem Feuer.

"Werden wir es etwa direkt hier machen?"

"Ja, neben dem Feuer. Nach deiner Erfahrung mit dem *Schiig* wärst du im Zelt psychologisch gehemmt."

Aus meiner Tasche holte ich ein Messer, einen Tabakbeutel mit *Taktasch*, eine Wasserflasche und zwei mit Stoff umwickelte Holzsplitter und legte sie ins Gras neben die Matten.

"Ah ja, genau, ich erinnere mich, wir werden uns jetzt Masken aufs Gesicht malen?"

"Nein, Tabo. Wir haben nicht genug Zeit, um Masken zu malen."

Ich trat in die Dunkelheit und ertastete zwei riesige Klettenblätter, die ich dort tagsüber bemerkt hatte. Vorsichtig schnitt ich sie an der Wurzel ab und machte zwei Löcher in jedes der Blätter. Eines davon reichte ich dann meinem Partner.

"Nimm den Splitter in den Mund und press ihn zusammen. So wirst du dich nicht am Speichel verschlucken. Das Blatt legst du über dein Gesicht."

Ich legte mein Blatt auf mein Gesicht, umwickelte es mit einer Schnur, die ich an meinem Kopf befestigte. Tabo tat es mir gleich. Ich warf ein paar große Holzstücke auf einmal ins Feuer, dann setzten Tabo und ich uns einander gegenüber auf die Matten. Ich gab ihm noch ein paar letzte Ratschläge.

"Fürchte dich vor nichts. Wir sind jetzt vollkommen sicher. Wir sind beschützt. Sobald es gefährlich wird, werde ich dich sofort von dort zurückholen. Folge mir. Und vergiss nicht – ich werde die ganze Zeit in der Nähe sein. Bereit?"

Das Gesicht hinter der grünen Klettenmaske nickte. Also los …

Ich nahm ein wenig von den getrockneten Kräutern aus dem Beutel. Es handelte sich dabei um *Taktasch*, der *Schlüssel* zur

Welt der *Geister*. Ich bröselte es in eine kleine Pfeife und hielt den brennenden Holzsplitter aus dem Feuer an den Trichter. Leichter Rauch stieg empor, der an einen Dschinn erinnerte, welcher aus einem langen Winterschlaf erwacht war. Mein erster Zug war sehr oberflächlich. Der Dschinn musste sich erst einmal umschauen. Hinter den Löchern in der Maske konnte ich Tabos Augen sehen. Er war neugierig und verängstigt zugleich. Den zweiten Zug machte ich in den Mund, beugte mich zu Tabo und blies ihm den Rauch direkt in die Augen. Vorsichtig atmete er den herben Geruch ein und probierte, wie er schmeckte. Ich nahm noch eine Portion in den Mund. Ich durfte den *Taktasch* nicht in die Lungen ziehen, da ich als zweiter die *Lichtschatten* betreten würde, so wie es sich für den *Begleiter*, der den *Suchenden begleitet*, gehörte. Ein silbriger Rauchfaden fand seinen Weg unter die Blattmaske. Im Schein des Feuers konnte ich sehen, wie sich Tabos Pupillen weiteten, wie sein Blick starr wurde. Er schien in irgendwelche Gedanken versunken zu sein, während er mich anschaute. Das bedeutete, dass der *Taktasch* ihn in seine Arme geschlossen hatte. Gut, dann war also ich dran. Ich atmete den silbrigen Rauch tief ein und fühlte, wie er wie eine kühle Welle in mich eindrang. Sogleich flackerten vor meinen Augen mal hier, mal da verschiedenfarbige Blitze auf, meine Ohren konnten entfernte Glockengeräusche vernehmen. Durch den Schleier aus dieser Farbmusik sah ich, wie Tabo zur Seite kippte. Hinter ihm war die graue Silhouette eines Wolfes zu sehen. Bork. Mein treuer Leibwächter und Gefährte in den *Lichtschatten*. Ich konnte mich zwar nicht umdrehen, wusste aber genau, dass hinter mir auch eine Silhouette saß, die nicht grau, sondern schwarz wie Teer war. Das war Artschi, mein treuer Hund. Das *Jäger*-Team war also bereit. Ich nahm noch einen tiefen Zug.

"Also gut, Tabo, lass uns den Dämon suchen, der deine *Freude* gestohlen hat."

Ich ging die Treppe hinunter und schaute mich aufmerksam um. So wie es aussah, befanden wir uns in einer Schule. Es war eine alte Schule, vermutlich noch in UdSSR-Zeiten erbaut. Ich ging hinaus auf den Gang und schaute im Vorbeigehen aus dem Fenster – wir waren im ersten Stock. Direkt vor mir waren ein paar Stuhlreihen vor einer Holzbühne aufgebaut. Der Theaterraum. Ich konnte spüren, dass sich Tabo irgendwo in der Nähe befand. Ich spähte in die Dämmerung. Da war er! Ich ging zu meinem Gefährten und setzte mich neben ihn. Tabo drehte sich zu mir um und sah mich überrascht an.

"Kam? Wo sind wir hier? Ist das ein Traum?"

"Nein, das ist kein gewöhnlicher Traum, das sind die *Lichtschatten*."

Neugierig sah Tabo sich um.

"Dieser Ort kommt mir vertraut vor ..."

Auch ich schaute interessiert meine Umgebung an.

"Natürlich tut er das. Das hier ist schließlich deine *Jagd*. Du hast uns hierher geführt."

"Wozu?"

"Aus irgendeinem Grund ist dieser Ort wichtig für dich. Er hat irgendwie mit dem Knoten in deinem Leben zu tun, den du gerade löst."

"Aah ... ich erinnere mich! Das ist meine Schule. Ja, genau! Hier war ich vier Jahre lang Schüler."

"Gibt es die Schule heute noch?"

"Nein. Soweit ich weiß, ist sie vor 20 Jahren abgerissen worden."

Wieder sah Tabo sich um.

"Wo sind die Menschen? Es ist irgendwie ungewöhnlich, allein hier zu sein."

"Dieser Ort ist nicht für die Menschen. Er ist nur für uns. Für dich, mich und die Hexe."

Die bloße Erwähnung seines Albtraums ließ Tabo zusammenzucken und erschaudern.

"Ist sie ... auch irgendwo hier?"

"Ganz bestimmt. Sie ist immer irgendwo in der Nähe. Aber heute haben wir sie aufgespürt."

Ich legte meine Hand auf seinen Unterarm.

"Hab keine Angst! Die *Karamora* ist nur dann furchteinflößend, wenn sie sich im Schatten versteckt hält. Im Schatten deines Verstandes. Sobald du ihr gegenüberstehst, wirst du die Möglichkeit haben, dir all deine *Kraft* zurückzuholen."

Wir blieben noch eine Weile sitzen, lauschten dem Raum der Schule, die vor ungefähr 20 Jahren aus der realen Welt verschwunden war. Was für ein seltsamer Ort, den sich Tabos Unterbewusstsein da für ein Rendezvous mit einem Wesen aus dem Jenseits ausgesucht hat. Irgendwo auf einem anderen Stockwerk knarrte eine Tür. Jemandes Schritte waren zu hören. Es klang, als würde ein kleines Mädchen über einen knarrenden Boden rennen. Dann wieder Stille. Tabo drehte den Kopf, lauschte diesen seltsamen und zugleich beängstigenden Lauten. Stille. Erneutes Getrappel kleiner Füße. Tabo wandte sich mir zu. In seinen Augen stand Entsetzen geschrieben. "Ist sie das?", fragte er mit seinem Blick, denn es war ihm unmöglich, einen Laut von sich zu geben. Ich nickte. Schorchit, einer meiner *Lehrmeister*, hat mir etwas sehr Wichtiges eingebläut: Bei der *Jagd* ist kein Platz für Angst. Die *Lichtschatten* sind äußerst feinfühlig und unvorhersehbar. Dieser Raum horcht in den *Jäger* hinein, und wenn er Angst in ihm wittert, kann es sein, dass er sie vollends entfacht. Deshalb bemühte ich mich, ruhig und selbstbewusst zu bleiben.

Die Schritte hatten mittlerweile die Treppe erreicht. Die kleine Spitzbübin schien uns absichtlich zu necken, indem sie uns mit ihrer Anwesenheit Angst einjagte. Im Saal war es dunkel, aber den Schritten nach zu urteilen, musste sie jetzt irgendwo in der Nähe der Tür stehen und uns aus der Dunkelheit des Treppenhauses beobachten.

Tabo drückte meine Hand. Ich löste sie sanft aus seiner und stand auf.

"Sie versteckt sich nicht vor uns. Das bedeutet, dass sie bereit ist, dich zu treffen."

Tabo stand ebenfalls auf, aber ich drückte ihn wieder auf seinen Sitz.

"Du musst bleiben. Egal, was passiert, beweg dich nicht vom Fleck. Schau einfach nur hin - das ist das Allerwichtigste. Merk dir das - schau hin! Sie wird von selbst zu dir kommen."

"Und du?"

"Ich werde hier sein."

Ich verließ den Bereich mit den Stuhlreihen und ging auf die Bühne zu. Tabo blieb an seinem Platz und verfolgte meine Bewegungen. Das "Mädchen" beobachtete mich ebenfalls aus der Dunkelheit heraus. Ich ging die Stufen hoch und begab mich in die Mitte der Bühne, wo ich mich auf den staubigen Holzboden setzte. Tabo und ich saßen uns jetzt gegenüber. Sein Gesicht konnte ich im dämmrigen Licht des Saals nicht erkennen, dafür konnte ich aber seine Silhouette genau ausmachen. Im hinteren Teil des Raums brannten ein paar schummrige Lichter. Er sollte mein Gesicht sehen können. Ich "dehnte mich aus", entfaltete alle meine Gefühle im Außen. Ich wusste, dass so etwas in der Welt der *Lichtschatten* nicht unbemerkt bleiben würde. Einige Minuten später vernahm ich das leise Geräusch von Schritten - jemand schlich über den knarrenden Boden. Die *Karamora* konnte es sich nicht entgehen lassen, von der warmen Energie zu kosten, die sie in ihren Jagdgründen wahrnahm. Da sie von ihrem Hunger abgelenkt war, verstand sie nicht gleich, dass wir es waren, die gekommen waren, um sie zu *jagen*. Die Art, wie Tabos Silhouette in der Mitte des Saales aufsprang, ließ mich verstehen, dass die Dämonin den Köder geschluckt hatte. Ich konnte spüren, wie sich die Schritte vorsichtig über die unebenen Bretter der Bühne näherten. Die *Ka-*

ramora war nun schon ganz nah, irgendwo hinter mir. Ich konnte Tabos Entsetzen nicht sehen, aber ich spürte es, während er beobachtete, wie die *Karamora* sich mir näherte.

"Kam, sie ..."

"Schau sie an!"

"Kam, sie ist hinter dir!"

"Schau sie an!"

Tabos Silhouette schnellte zur Seite und ich hörte, wie er sich durch die Stuhlreihen kämpfte, sie geräuschvoll zur Seite schob und mir zu Hilfe eilte. Die Schritte kamen immer näher. Der Saal geriet ins Wanken und begann sich zu drehen wie ein Karussell, das seine Fahrt beginnt. Der Saal nahm eine solche Geschwindigkeit auf, dass ich nicht einmal versuchte, ihn anzuhalten. Ich, Tabo, die Karamora, der graue Schatten des Wolfes, der sich zum Sprung bereit machte, und ein Haufen Stühle, auf denen schon seit zwanzig Jahren keine lebendige Seele mehr gesessen hatte, rasten auf diesem Karussell im Kreis ...

Das Feuer knisterte leise. Silbrige Streifen der Milchstraße glänzten hell am schwarzen Himmel. Ich lag auf der Seite, aber ich konnte alles, was geschah, nicht nur vor mir sehen, ich sah es auch von oben und sogar von hinten. Mein Körper und mein Bewusstsein hatten sich zu etwas Transzendentem vermischt und sich wie eine Lichtkuppel über dem *Arkol* ausgebreitet. Ich sah/fühlte Tabos Körper neben mir. Auch er war zurückgekommen, konnte aber diese Welt noch nicht zu einem stimmigen Bild zusammenfügen. Ich sah/fühlte meinen treuen *Freund* Artschi, der nicht weit entfernt saß - mein *Beschützer* war hiergeblieben, um unsere Körper hier in dieser Welt zu bewachen. Ich sah/fühlte den grauen Bork, der wie ein grauer Blitz um uns herumwirbelte. Ich fragte mich, ob die *Karamora* Zeit gehabt hatte, um ein zweites Mal mit meinem Leibwächter Bekanntschaft zu schließen? Falsch ... Mit unserem Leibwächter. Nun war Bork auch irgendwie mit meinem Jagdpartner verbunden. Mithilfe meiner spröden Zunge spuckte ich den Splitter aus dem Mund und löste ihn von meiner trockenen Lippe. Wir mussten trinken. Wir brauchten viel Wasser. Unter großer Anstrengung drehte ich mich auf den Bauch. Ich musste die watteartigen Muskeln aktivieren und mich allmählich auf die Beine hieven. Das war's. Die Reise in die Welt der Gespenster und Geister war zu Ende. Jetzt mussten wir noch herausfinden, ob die *Jagd* eine erfolgreiche gewesen war.

Den Rest der Nacht und den halben nächsten Tag schliefen wir komplett durch. Wir waren vollkommen ausgelaugt, so wie man sich normalerweise nach kräftezehrender Arbeit oder nach extremer nervlicher Anstrengung fühlte. Was wir letzte Nacht gemacht hatten, war nicht einmal ansatzweise mit irgendetwas vergleichbar. Wir mussten jetzt wieder zu Kräften kommen und all das analysieren, was wir aus der Schattenwelt mitgenommen hatten.

Nachdem wir aufgewacht waren, stapften wir zuerst träge zur nächsten Quelle – wir mussten uns mit kaltem Wasser waschen und viel trinken. Nach einer Rückkehr aus den *Lichtschatten* steigt der Bedarf an Wasser um ein Vielfaches an. Danach machten wir ein Feuer und fingen an, das Abendessen vorzubereiten. Wir hatten einen schrecklichen Hunger. Wir kochten einen Brei mit Schmalzfleisch, schmierten Brote mit Pastete und tranken süßen Tee. Die Ereignisse der vergangenen Nacht wurden nicht erwähnt. Bevor wir über die ungewöhnliche Erfahrung sprechen konnten, mussten wir uns zuerst wieder aufpäppeln und zu uns finden. Erst als es Abend wurde, konnten wir wieder mehr oder weniger zusammenhängend denken. Wir saßen erneut am Feuer. Für mich gehörte es zur Tradition, in der Abenddämmerung an einem offenen Feuer zu sitzen. Das Feuer beschützte nicht nur die Anwesenden, es machte auch die Gedanken klar und die Gefühle rein.

"Was war das, Kam? Dort?"

"Erzähl mir, was du gesehen hast."

Tabo dachte nach.

"Ich war in der Schule aus meiner Kindheit. Du warst auch dort. Und sie ...", durch die bloße Erwähnung der *Karamora* bekam er einen Kloß im Hals und musste schlucken, "sie hat uns Angst gemacht. Sie hat sich in der Dunkelheit versteckt. Hast du das Gleiche gesehen wie ich?"

Ich nickte.

"Du musst verstehen, dass das kein Traum, keine Trance und keine Halluzination war. Du und ich, wir waren in einer anderen Realität."

Tabo rieb sich die Schläfen.

"Ich kann das einfach nicht begreifen. In Büchern darüber zu lesen ist eine Sache, aber es selbst zu erleben ... das ist etwas völlig anderes."

"Ich würde gerne wissen, was du gesehen hast, als sie zu mir auf die Bühne kam."

"Ich ... ich hatte wirklich Angst. Ich konnte nicht klar denken. Ich weiß noch, dass ich den Eindruck hatte, dass sie dir gleich etwas antun würde, und ich bin dir zu Hilfe geeilt. Und dann hat es mich irgendwie rausgeworfen."

"Hast du ihr Gesicht gesehen?"

Tabo massierte seine Schläfen, als versuchte er, ein paar Fünkchen der Erinnerung aus seinem Kopf zu pressen.

"Nein. Ich hab es nicht gesehen."

"Bist du sicher? Erinnere dich. Das ist sehr wichtig! Eine zweite Chance wird sie uns nicht geben. Von jetzt an wird sie sich so verstecken, dass es fast unmöglich sein wird, sie herauszulocken."

Tabo schaute mich erstaunt an.

"Heißt das, du hast das auf der Bühne absichtlich gemacht? Du hast den 'Lockvogel' gespielt?"

Ich hielt meine Hände wieder übers Feuer. Nach den *Lichtschatten* und der nahen Begegnung mit der *Karamora* schüttelte es mich immer noch vor Kälte.

"Ja, diesen Trick hat mir vor vielen Jahren mein *Lehrer* beigebracht."

"Und was, wenn sie dich angegriffen hätte?"

"Das hat sie. Sie hatte aber nicht damit gerechnet, dass nicht nur sie sich in den Schatten versteckt hat. Bork hat mich bewacht, der Wolf, der sie auch schon beim Seminar vertrieben hat. Ein paar Augenblicke lang hattest du die Möglichkeit, ihr Gesicht zu sehen."

"Das Gesicht der Dämonin? Was nützt uns das?"

Ich rückte noch etwas näher ans Feuer. Ich war so nah, dass die Flammenzünglein schon meine Handflächen berührten. Die Berührungen verbrannten mich aber nicht. Ich hatte wohl tatsächlich zu viel Energie in diesem Teil der *Lichtschatten* verloren, während ich versuchte, die Hexe zu fangen und gleichzeitig Tabo in dieser Realität zu fixieren. Die Wärme des Feuers drang in meine Haut ein, wo sie sich wie eine warme Welle in meinen Adern ausbreitete, genauso wie Wasser in einem ausgetrockneten Mund.

"Die Karamora muss immer einen *Begleiter* haben, um bei dir sein zu können. Einen *dunklen Begleiter*, eine menschliche Waffe, jemand, der sie mit dir verbindet. Da sie sich auf diesen *Begleiter* einstimmt, nimmt die Karamora in den *Lichtschatten* normalerweise ein ähnliches Aussehen wie dieser an.

"Du glaubst also, dass sich in meinem Umfeld einer ihrer Agenten befindet?"

"Zweifellos."

Unsere Blicke trafen sich. Jetzt stand uns der dramatischste Teil der *Jagd* bevor, der manchmal äußerst schwer zu ertragen war.

"Hör zu. Einer der Orte meiner *Jagd* war ebenfalls die Schule aus meiner Kindheit. Das ist ein sehr geläufiger Ort, weißt du, warum?"

Ratlos schüttelte Tabo den Kopf.

"Es ist der Ort, an dem wir praktisch gestorben sind. Dort hat man uns verändert. In den Verstecken der Schule haben wir eine riesige Menge unserer Kraft zurückgelassen, bevor man uns die Programme der *Mangen* einverleibt hat. Da du diesen Ort für das Treffen mit ihr gewählt hast, kann man davon ausgehen, dass du sie in ein Umfeld bringen wolltest, das mit deinen unverwirklichten Hoffnungen verknüpft ist."

Mit meiner Hand strich ich über das Feuer und sah, wie Tabo ebenfalls seine Hände in Richtung der Flammen streckte. Ihm war auch kalt.

"Kannst du dich daran erinnern, dass ich beim Training erzählt habe, dass sich die *Mangen* gegenseitig Energie entziehen? Nur selten denken die Leute darüber nach, wie die meisten Verbindungen zustande kommen. Nahezu alle Beziehungen basieren auf unsichtbaren Wechselwirkungen und erst dann kommen Hormone, Pheromone und Äußerlichkeiten ins Spiel. Lass mich dir ein Geheimnis verraten. Die dunkle Zivilisation der *Mangen* verfügt über ein sehr mächtiges Schutzsystem. Es ist der Grund dafür, warum es für die Leute so schwer ist, aus dieser Matrix auszubrechen. Dabei ist das System eigentlich sehr simpel. Sobald ein *Mang* zu wachsen beginnt, sein Bewusstsein erweitert und sein energetisches Potenzial erhöht, taucht in seinem Umfeld immer ein Parasit auf, der seine *Kraft* aussaugt. Und das war's dann, der Flüchtende wird gestoppt. Ohne Energie gibt es auch keinen Ausgang zur *Außenwelt,* die Wände der *Matrjoschka* bleiben undurchdringlich. Das Zugticket ist in Stücke gerissen."

Tabo nickte nachdenklich.

"Ist das wie mit dem *Flieger*, der in der Nacht hier war?"

"Ja, genau. Er witterte deine *Kraft* und trank dich leer wie ein Glas Erfrischungsgetränk. Die *Flieger* sind eine Zivilisation von Parasiten. Die *Karamoras* aber sind Geschöpfe einer anderen Art. Sie sind in die menschliche Gesellschaft integriert. Sie sind wählerisch und raffiniert. Sie können die Perspektive der Entwicklung mit einkalkulieren. Während ein *Flieger* einfach nur auf ein erhöhtes Kraftlevel reagiert, das wie ein Peilsender Signale aussendet und von welchem er in den *Lichtschatten* angezogen wird, muss eine *Karamora* nur die veränderte Perspektive wahrnehmen und schon taucht sie auf. Sie betritt deine Welt und nistet sich darin ein. Sobald du dein Kraftlevel erhöhst und vor den Toren der *Lichtschatten* stehst, spielt sie mit dir wie eine Katze mit einer Maus und manipuliert deinen Verstand."

"Die *Karamora* ist also auch eine Jägerin?"

"Oh nein", ich machte eine ablehnende Handbewegung, "sie ist eine Menschenfresserin. *Jäger* spüren auf, *Karamoras* dagegen züchten sich praktisch ihre Beute heran, indem sie sie ihrer Lebensinstinkte berauben. Schau, du hast gesagt, dass die Freude aus deinem Leben verschwunden sei. Sie wurde dir weggenommen. Und jetzt weißt du, von wem."

"Aber warum gerade ich?"

"Ich werde es einfach ausdrücken: Wenn im Leben eines Menschen irgendein wichtiges *Projekt* auftaucht, das damit zu tun hat, seine *Kräfte* ins Gleichgewicht zu bringen, so taucht im Leben dieses Menschen auch direkt eine *Karamora* auf."

Entgeistert hörte Tabo mir zu und versuchte, die Puzzlestücke in seinem Kopf zusammenzusetzen.

"Sie kann auf ganz unterschiedliche Weise in Erscheinung treten, aber ihre Absichten sind offensichtlich: Sie stiehlt die *Stütze* ihrer Beute. Sie entzieht ihr ihre Kräfte, nach außen kann es aber wie das genaue Gegenteil aussehen."

"Was ich noch immer nicht verstehen kann, ist, um welches Projekt es sich in meinem Leben handeln soll? Was habe ich so Außergewöhnliches getan, dass sie sich in mein Leben eingeschlichen hat? Als ich diesen Burschen, Bamidel, gerettet habe, war alles ein komplettes Durcheinander. Übrigens", Tabo fuhr auf, "ich habe die *Karamora* sehr wohl gesehen! Ich habe die Hexe gesehen!"

"Wie hat sie ausgesehen?"

"Sie war schwarz ..."

Sogleich musste ich an die schwarze Gestalt denken, die ich beim Training während des Rituals hinter Tabos Rücken gesehen hatte.

"Ja, so hat sie ausgesehen! Sie hat sich über Bamidels Mutter, Agwang, in mein Leben eingeschlichen. Und folgt mir seither. Das heißt, dass Bamidel ihr *Begleiter* ist – er ist der *dunkle Begleiter* seiner Hexenmutter!"

Ich blickte zum Feuer und sah, wie Wellen aus Lichtreflexen über seine Oberfläche hinwegfegten, die an tanzende Salamander erinnerten. Das Feuer spürte uns und reagierte sogleich auf unsere Energie.

"Langsam Tabo. Zieh keine voreiligen Schlüsse. Du setzt in deinem Kopf gerade ein Bild zusammen, dafür brauchen wir aber das, was die Schamanen den 'klaren Blick' nennen, das heißt, dass man die Essenz der Ereignisse erfasst."

"Kam, es ist doch schon alles klar ..."

"Nichts ist klar! Sie will, dass du so denkst! Sie bringt alle Spuren in deinem Kopf durcheinander. Lass uns langsam machen und nichts überstürzen. Lass uns zu jenem Moment zurückkehren. Schließ deine Augen und erinnere dich. Als sie auf mich zugegangen ist, hattest du die Möglichkeit, ihr Gesicht zu sehen."

"Ja, wie ich schon gesagt habe. Es war vollkommen dunkel wie eine schwarze Silhouette."

"Du sträubst dich gerade, weil du dich vor ihr fürchtest. Du fürchtest dich davor, ihr ins Gesicht zu schauen. Deiner Angst ins Gesicht zu schauen. Es ist leichter für dich, dir ein Bild auszumalen und es mir zu präsentieren, aber ich kann spüren, dass es ein leeres Bild ist. Schließ die Augen! Du bist lange genug vor ihr weggerannt. Schau in die Dunkelheit ..."

Tabo saß komplett zusammengesackt da. Sein Gesicht ruhte auf seinen gespreizten Händen. Schließlich hob er den Kopf und sah mich mit noch unfokussiertem Blick an.

"Nein. Ich sehe kein Gesicht. Ich kann mich noch so anstrengen."

"Lass es uns anders versuchen. Versuch, dich nicht auf die visuellen Aspekte zu konzentrieren, sondern auf deine Empfindungen. Was hast du gefühlt, als du sie gesehen hast? In genau diesem Augenblick."

Tabo ließ seinen Kopf wieder in die Handflächen fallen und bewegte sich nicht mehr. Einige Minuten später erhob er sich, machte ein paar nervöse Schritte und zuckte mit den Schultern.

"Das kann doch alles nicht wahr sein ..."

Ich schaute ihn fragend an, wartete auf eine Erläuterung. Er wirkte verstört.

"Irgendetwas stimmt einfach nicht."

"Sag es mir. Es ist wichtig."

"Ich glaube, ich spinne gerade völlig ... Aber das kann einfach nicht sein!"

Er setzte sich hin und blickte mir fassungslos direkt in die Augen.

Ich fragte ihn vorsichtig:

"Elja?"[13]

Er stand wieder auf, ballte seine Hände zu Fäusten und boxte ein paar Mal in die Luft.

"Woher weißt du das? Werde ich verrückt oder passiert das gerade wirklich mit mir?"

Schweigend sah ich ihn an. Ich wusste, wie schwer es jetzt für ihn war, mit solch einer Beute in den Händen aus der Welt der *Geister* aufzutauchen.

---

13 *Koseform für „Elvira", Anm. d. Übers.*

"Wie konntest du das wissen?"

"Erzähl mir zuerst, was du gefühlt hast."

Tabo zuckte betrübt mit den Schultern.

"Oh man ... was für ein Chaos."

Er schwieg, suchte nach den richtigen Worten, während er versuchte, mit den aufkommenden Emotionen fertigzuwerden.

"Okay, ich habe mich plötzlich daran erinnert, dass ich etwas sehr Vertrautes gespürt habe, als ich die Hexe hinter dir sah. Es hat sich so angefühlt, als wäre hinter mir jemand aufgetaucht, der mir sehr nahesteht. In dem Moment dachte ich, dass es mein Schutzengel war, der hinter mir stand und mich beschützte. Und dann, in einem Augenblick tauchte sogar ein Bild auf, aber kein visuelles, sondern ein fühlbares oder so etwas in der Art ... Elja. Genau so kann ich sie normalerweise spüren, wenn ich unser dunkles Zimmer betrete. Und in den *Lichtschatten* dachte ich, dass sie mich auch dort beschützte."

Er beugte sich zu mir hinüber:

"Kam, könnte das vielleicht auch Einbildung sein? Woher wusstest du von ihr?"

Ich sah Tabo nicht an, mein Blick war in die Tiefen des Feuers versunken. Es zeichnete in meinem Bewusstsein ein Bild von den Dingen, die gerade passierten.

"Weißt du noch, dass ich beim Training überrascht darüber war, dass die *Karamora* in den *Lichtschatten* neben dir aufgetaucht ist? So etwas ist zuvor noch nie geschehen. Die *Dunklen* können meinen Raum nicht betreten. Aber sie war gekommen. Das bedeutet, dass du sie für einen *Beschützer*, für einen *Nahestehenden* hältst. Außer ihr befand sich aber niemand sonst bei dir. Auch das kommt nur äußerst selten vor. Normalerweise ist ein Mensch immer von seinen *Verwandten* umgeben, auch wenn sie bereits aus dieser Welt geschieden sind. Aber du warst allein. Sie hat alle aus deinem Leben vertrieben. Alle! Und sie durch sich selbst ersetzt."

"Aber sie war es doch, die mich zu dir aufs Seminar geschickt hat. Wozu?"

"Ich weiß es nicht. Vielleicht hat sie nicht wirklich gedacht, dass es uns gelingen würde, so weit zu kommen. Außerdem ist sich Elvira selbst wahrscheinlich kaum darüber bewusst, was eigentlich vor sich geht. Sie ist nur der *Begleiter*. Es ist durchaus möglich, dass sie dir auf einem oberflächlichen Level tatsächlich helfen wollte. Weißt du noch, dass ich vom *Injara* erzählt habe? Wie lange hat es gedauert, bis ihr eine sexuelle Beziehung eingegangen seid?"

Tabo grinste traurig.

"Es ist noch am selben Tag, an dem wir uns kennengelernt haben, passiert."

"Da ist die dunkle Falle zugeschnappt. Kannst du mir sagen, was dich an ihr angezogen hat?"

"Das ist schwer zu sagen ... Es war wahrscheinlich eine Art Rache an meiner Frau. Ich wollte etwas anderes. Und da war plötzlich Elja. Ich wurde wie in einen Strudel hineingezogen. Der Sex war einfach unglaublich. Es schien mir, als würde ich wieder lebendig werden, ich konnte das Leben schmecken."

"Erinnerst du dich? Wenn ein *Mang* eine neue Ebene betritt, taucht in seinem Umfeld fast immer eine *Karamora* auf. Der Mechanismus ist verblüffend simpel:

KRAFT - SEX (DER DUNKLE BEGLEITER) - KARAMORA."

Tabo stand auf und ging zu unserem Campingtischchen, nahm sich eine Flasche mit Wasser und spritzte es sich ins Gesicht.

"Okay, gehen wir mal davon aus, dass es so ist. Wie geht es jetzt weiter?"

Ich schaute zum Horizont. Die Dunkelheit hatte eine leichte Purpurröte angenommen. Bald würde der Tag anbrechen. Wir hatten die ganze Nacht über geredet.

"Wir werden alles noch viele Male überprüfen müssen. Auch wenn wir den *dunklen Begleiter* ausfindig gemacht haben, löst das nicht dein Problem. Die *Karamora* ist noch immer da, ihre Verbindung mit dir besteht noch immer. Um diese Verbindung zu kappen, ist etwas *Tieferes* notwendig als unsere heutige *Reise*."

"Etwas noch Tieferes?", fragte Tabo sarkastisch.

"Ja. Am Morgen werden wir unseren Weg fortsetzen. Dieser *Arkol* hat seine Aufgabe erfüllt. Wir müssen weiterziehen."

"Willst du etwa sagen, dass wir erneut dieses Zeug rauchen und diese schreckliche Welt betreten müssen?"

"Ich weiß nicht. Aber ich glaube, du wirst dich noch davon überzeugen, dass nicht alle *Lichtschatten* so sind wie die, mit denen wir es heute Nacht zu tun hatten."

Zweiter Teil

FOLGE MIR NACH HAUSE ...

"Es gibt keine Zukunft, solange wir nicht Klarheit in unsere Vergangenheit bringen."[14]

Aus dem Film "Riddick: Die Chroniken eines Kriegers"

---

14 Zitat frei übersetzt, Anm. d. Übers.

– INJARA –

Erinnerungen

DIE JÄGER
DER SEE DER BERGGEISTER

(Altail, 2013)

"Aber was nützt das Reisen, wenn man seine bequemen Gewohnheiten von zu Hause überallhin mitschleppt. Nein, an einem neuen Ort sollte es ein neues Leben geben."[15]

Max Frei, "Vetry, angely i ljudi"
(dt.: "Winde, Engel und Menschen")

Jeder *Jäger* ist so individuell, dass er im Grunde schon selbst eine ganze Welt darstellt, die ihre eigenen Besonderheiten, Gesetze,

---

[15] *Zitat frei übersetzt, Anm. d. Übers.*

Launen und sogar Bewohner hat. Als ich von den verschiedenen *Jägern* ausgebildet wurde, dachte ich, ich würde von ihnen verschiedene Nuancen der *Tradition* übernehmen, verschiedene Stile der *Kunst*. Erst viele Jahre später begriff ich, dass es das Hauptziel der *Jäger* war, mir zu zeigen, dass die *Jagd* vor allem ein Ausdruck der eigenen persönlichen *Kraft* ist. Das aufmerksame Beobachten aller meiner *Begleiter* ließ mich zu dieser Erkenntnis gelangen.

Ajruk hat die Schale meines starren *Egos* gnadenlos von mir heruntergerissen.

Schorchit hat mich direkt in die *Tiefe* geführt.

Ungen hat mich die Feinheiten der *Jagd* gelehrt.

Araskan hat meinen logischen Verstand gereinigt.

Danilytsch hat in meinem Bewusstsein zwei Welten miteinander vereint - die *Realität* und die *Lichtschatten*.

Ajma war meine *Heilerin*.

Und Polina hat mich *Liebe* und *Freundschaft* gelehrt.

Polina ... war wahrscheinlich der strahlendste Mensch unter den *Lehrern* meiner *Tradition*. Nicht, weil sie eine unglaublich schöne Frau war. Nicht, weil von ihr in alle Richtungen Wellen einer bezaubernden *Kraft* ausstrahlten. Bei keinem anderen *Jäger* war eine solche Balance zu spüren, eine solch harmonische Kombination aller Qualitäten. In wenigen Worten könnte man diese *Jägerin* so beschreiben: Es wird augenblicklich heller, wenn sie den Raum betritt, alle Anwesenden haben das Bedürfnis, aufzustehen und sie dabei anzusehen ... wieder und wieder. Sie war von einer Art überirdischer Schönheit, wie sie in dieser Welt nur sehr selten zu finden ist. Dabei besaß sie die einzigartige Fähigkeit des "Blickeabwendens", wenn es nötig war, konnte sie vollkommen unsichtbar sein. Wie sie das anstellte, verstand ich bis heute nicht. Irgendwann zu Beginn meiner Einweihung in die *Tradition* hatte ich Polina einmal getroffen, oder besser gesagt, ich hatte ihre Anwesenheit in der Nähe gespürt. Außer an den Duft ihres Parfüms konnte ich mich aber an nichts erinnern. Eine ganze Weile lang ist sie einfach bei mir gewesen, während ich sie nicht sehen konnte, ich konnte lediglich ihre Anwesenheit in meiner Nähe spüren. Danilytsch erklärte mir dieses Phänomen einst damit, dass sich Polina sowohl in der Welt der Realität als auch in den *Lichtschatten* gleichermaßen frei fühlte – sie ging mit der Leichtigkeit eines körperlosen Gespenstes zwischen den Welten hin und her. Das hatte irgendwie mit ihrer Kindheit zu tun, doch weder sie noch die anderen *Jäger* haben dieses Thema jemals angesprochen. Und damit war eine weitere Besonderheit von ihr verbunden – niemand konnte mit Sicherheit sagen, wie alt Polina war. Es war ein echtes Geschenk des Schicksals für mich, von ihr zu lernen. Und natürlich war es Polina, die mich mit der *tiefen* Kunst des *Injara* vertraut machen sollte ...

Wir saßen am Ufer des Bergsees und blickten auf die Wasseroberfläche. Dies war ein besonderer *Ort*. Er wurde *See der Berggeister* genannt. Ich kannte mindestens drei Orte, die diesen Namen trugen, aber dieser hier trug ihn zurecht. Hier verschwammen tatsächlich die Grenzen der Wirklichkeit. Man spürte es in allem – in der Luft, in den Steinen am Ufer, im Wasser selbst, in den Felswänden, die den See auf allen Seiten umgaben, in den riesigen Zedern, die ringsum wuchsen. Im Moment war es hier besonders schön, denn am Rande des Sees blühten die leuchtend rosafarbenen Hütchen der Weidenröschen. Ein kleiner Wasserfall floss den Felsen herunter. Das Tauwasser des Gletschers. Vielleicht war der See deshalb so kalt, aber das Wasser darin war kristallklar. Polina weihte mich in die Geheimnisse des *Injara* ein. Gerade sprachen wir über Hexen.

Ich stellte ihr Fragen.

"Ist eine *Karamora* immer eine Frau?"

Polina nickte.

"Männliche Dämonen sind von ganz anderer Natur."

"Von welcher?"

"Du weißt bestimmt noch, dass ich dir erzählt habe, dass die Frau im Bereich der Gebärmutter zwei Energiezentren hat. Der Mann dagegen kommt mit nur einem aus. Das ist ein wesentlicher Unterschied, auch in der Welt der *Finsternis*. Einst", Polina wandte sich mir zu und gab mir damit zu verstehen, dass sie gleich etwas sehr Wichtiges sagen würde, "gab es im Pantheon der Götter und Dämonen viele Frauen. Frauen standen immer an der Spitze der göttlichen sowie auch der dämonischen Manifestationen. Doch dann, wie durch Zauberei, verschwanden die Pantheons plötzlich. Das *Weibliche* verschwand aus fast allen Weltreligionen. Es wurde verdrängt, bestenfalls wurde ihm die zweite oder sogar dritte Rolle zugewiesen. Warum war das wohl so?"

Ich wusste keine Antwort auf diese Frage. Polina schaute mich verständnisvoll an.

"Es wurde aus allen offiziellen Quellen entfernt. Inoffiziell aber blieb die Rolle der Frau in dieser Welt, wenn auch mehr im Schatten, nach wie vor äußerst einflussreich. Schließlich hat niemand die beiden Energiezentren entfernt. Warum passiert das also? Warum sind die Frauen in den Schatten gerückt, regieren dabei aber trotzdem weiterhin die Menschheit?"

"Sie ... regieren?"

Polina schnaubte.

"Zweifelst du etwa daran? Der Einfluss der *Frauen* auf die *Männer* ist so gewaltig, dass man ihn mit den Kategorien von Leben und Tod vergleichen kann. Auf allen Existenzebenen herrscht eine praktische Unterordnung."

Sie hielt inne. Ihre wundervollen Augen blickten mich an und gaben mir einen kleinen Schubs, damit ich das gerade Gesagte begreifen würde.

"Die Frauen erschaffen die Männer. Allein auf dieser Grundlage sind Männer auf allen Ebenen von ihnen abhängig – denn als Babys waren sie dem System ihrer Lebenserhaltung vollkommen untergeordnet. Das ist Physiologie. Und was ist mit den in die Psyche eingebetteten Mechanismen der Unterordnung? Und mit den energetischen Ankern? Männer werden vom Moment ihrer Zeugung bis zum Moment ihres Todes von Frauen beherrscht."

Wenn Polina von solchen Dingen sprach, wurde mir immer etwas bang zumute. Ich wusste aber, dass sie niemals etwas ohne Grund sagte. Sie führte mich stets zur Erkenntnis irgendeines wichtigen Teils der *Tradition*.

"Es ist nicht leicht für mich, das von dir zu hören", teilte ich meine Gefühle, "denn bisher hast du noch nie solche Assoziationen in mir hervorgerufen, und dabei bist du die strahlendste Vertreterin der *weiblichen* Welt."

Polina lachte.

"Die Frauen in dieser Welt unterscheiden sich sehr stark voneinander. Um die Sache vereinfacht darzustellen, könnte man es so ausdrücken: Manche *Frauen* bringen *Männer* um, andere erwecken sie zum *Leben*!"

"Und all das ist so wegen der zwei Energiezentren?"

"Ja, alles ihretwegen."

Ich erinnerte mich daran, wie Polina mir irgendwie einen kleinen Film gezeigt hatte, Ausschnitte aus einer Schwarz-weiß-Chronik des Zweiten Weltkrieges. Darin wurden geheime Projekte zur Wiederbelebung unterkühlter Flieger der Luftwaffe, die in der Arktis kämpften, gezeigt. Die Experimente wurden von dem Arzt Sigmund Rascher im berüchtigten Konzentrationslager "Dachau" durchgeführt. Sie verliefen auf zwei Arten: Die unterkühlten Menschen wurden entweder mit Heizgeräten oder mit "lebendiger Wärme" aufgewärmt. Der zweite Versuchsteil basierte auf den Erfahrungen nordischer Völker, die glauben, dass man einen Menschen am effektivsten mithilfe der Körperwärme eines anderen Menschen wieder aufwärmen könne. Die Experimente zeigten, dass der Körper eines Mannes einen sehr viel geringeren "Wärmeeffekt" besitzt als der Körper einer Frau. Damals konnte ich nicht verstehen, worin dieser Unterschied begründet liegt, denn Frauen und Männer weisen schließlich dieselbe Körpertemperatur auf. Erst das *Injara* half mir zu verstehen: Das Vorhandensein von zwei Energiezentren macht die Frau zu einer wahren Lebensquelle, zu einem Energiestimulator, der es vermag, erfrorene Seelen aus der Welt des Todes zurückzubringen.

"Das funktioniert aber nur dann, wenn sich die zwei Zentren in Balance befinden. Ist dies nicht der Fall, so werden sie sowohl für die Frau selbst als auch für die Männer in ihrem Umfeld zum Problem."

"Inwiefern?"

"Die Funktionsfähigkeit der Zentren basiert auf dem ständigen Austausch von *Kraft*. Dieser beinhaltet sowohl die Abgabe von *Kraft* an ihr Kind als auch an ihren Mann. Wenn dieser Mechanismus nicht richtig funktioniert, gerät das gesamte System der weiblichen Energie aus dem Gleichgewicht, es kommt zu einer Funktionsstörung."

Polina zeigte mit einer Hand zuerst auf ihren Bauch und führte dann die Hände zum Kopf.

"Wenn ein Mensch durch die Programme des *Mangen* verzerrt worden ist, beginnt seine energetische *Form* nach einem verzerrten Schema zu arbeiten. Anstatt ihre überschüssige Energie abzugeben, fängt die Frau an zu konsumieren. Ihr doppeltes Energiezentrum macht sie auch zweimal so abhängig vom Konsum, sie wird zu einem Megakonsumenten. Hast du dich noch nie gefragt, warum Frauen so gerne shoppen gehen, während es für Männer keine große Sache ist? Ja, ja, genau deshalb", zwinkerte Polina, "und vom Megakonsum zum energetischen Vampirismus ist es nur ein kleiner Schritt. Deshalb ist es für die *Karamoras* so einfach, ein 'menschliches Werkzeug' zu finden – *dunkle Begleiterinnen*, die sich ihrer heimtückischen Rolle vielleicht noch nicht einmal bewusst sind. Aber darüber werde ich dir später erzählen. Im Alltag führt die *Mangen*-Einstellung dazu, dass kein ausgeglichener Austausch der *Kräfte* stattfindet. Wenn eine Frau ein Kind bekommt, versorgt sie es noch eine Zeit lang mit ihrem zweiten Energiezentrum. Wenn das Kind jedoch mit der Zeit zu seiner autonomen Energieversorgung übergeht, hören die Zentren auf, ihre Funktion zu erfüllen, woraufhin dann der Moment der Frustration eintritt. Die Frau kann nicht verstehen, was mit ihr passiert. Die Zentren nehmen weiterhin *Kraft* auf und sammeln sie an, welche aber schon nicht mehr für die Kinder aufgewendet wird. Das ist der Moment, in dem Frauen ein bisschen ihren Kopf verlieren. Sie müssen einen Ausgleich finden, etwas, in das sie ihre *Kraft* stecken können. Manche von uns zeugen intuitiv noch ein weiteres Kind, wodurch die Funktionsfähigkeit beider Zentren wiederhergestellt ist. Das ist auch der Grund, warum unsere Vorfahren so viele Kinder hatten. Heute ist alles anders. Viele Kinder zu haben ist schwer, kostspielig und unpopulär. Millionen von Frauen mit überaktiven Kraftzentren beginnen deshalb, ihren 'Verstand zu verlieren'. Sie bauen sich eine Karriere auf, verstricken sich in Abenteuern, erstürmen die Geschäftswelt und kämpfen an allen sozialen Fronten. Diese Gender-Revolution verheißt nichts Gutes für uns. Ein Zug mit kaputten Bremsen wird früher oder später auf ein Hindernis prallen."

"Was können wir dagegen tun? Auf globaler Ebene?"

"*Injara*", gab Polina lediglich zur Antwort, als wäre es ganz offensichtlich. "Solange die Menschen die Prinzipien des Gleichgewichts nicht begreifen, werden sie sich selbst und einander weiter zerstören. Die Frauen müssen unbedingt ihre eigene *Natur* und ihre *Verantwortung* vor der Welt, die ihnen zwei *Kraftzentren* gegeben hat, verstehen."

Exoten

DIE HÖHLE

(Altai, 2015)

"Die Essenz der Religion ist so,
dass der Mensch einfach gezwungen ist,
ihr gegenüber Stellung zu beziehen."[16]

Clifford Simak, "Gleaners"

"Wohin gehen wir dieses Mal?"
Tabo hatte sich mittlerweile an die Märsche gewöhnt. Das Bergaufgehen fiel ihm schon nicht mehr ganz so schwer. Doch wir hatten bereits eine ganze Menge an Kilometern zurückgelegt, unsere Beine fühlten sich an, als würde Starkstrom durch sie hindurchfließen.

"Es gibt da diesen Ort", ich blieb stehen und kramte in meinem Gedächtnis. Diesen Weg war ich zuvor nur ein einziges Mal gegangen. Und das nicht allein. Polina hatte mich gewarnt,

---

16 Zitat frei übersetzt, Anm. d. Übers.

dass ich diesen Pfad unweigerlich noch ein weiteres Mal gehen müsste. Damals hatte ich ihre Worte für eine Metapher gehalten. Jetzt aber musste ich wieder alle "Eintrittspunkte" in meinem Gedächtnis finden.

"Ist es ein *Arkol*"?

"Ja, aber nicht so einer wie der von vorletzter Nacht."

"Inwiefern ist er anders?"

"Der letzte hat uns dabei geholfen, das zu sehen, was im Schatten versteckt liegt. Dieser hingegen ermöglicht es den Schatten, das zu sehen, was sich in uns versteckt hält."

Tabo sah mich angespannt an.

"Meine Güte, Kam, mach mir keine Angst."

Ich zuckte mit den Schultern.

"Es ist nicht so unheimlich, wie es klingt. Einer meiner *Lehrmeister* war einfach nur ein Fan von Pathetik."

Wir lachten und lösten so die Anspannung, die durch die Verunsicherung entstanden war.

Ich sah mich nochmals um. An diesen Teil des Weges konnte ich mich nicht erinnern, ich musste also auf mein Gefühl hören. Hin und wieder aber machten meine Augen in der Umgebung einen vertrauten Ort aus, der mir bestätigte, dass wir in die richtige Richtung gingen.

"Dort, ungefähr zwei Kilometer von hier, befindet sich eine kleine Höhle. Dort werden wir Halt machen."

Es wäre großartig, wenn wir sie rechtzeitig erreichen und dem Sturzregen entgehen würden, der uns in dunklen Gewitterwolken aus dem Tal folgte. So wie es aussah, kam das Gewitter unweigerlich näher. Es war gefährlich, bei so einem Wetter ein Zelt aufzubauen, denn auf einer offenen Fläche konnte der Wind sehr hohe Geschwindigkeiten aufnehmen. Die Höhle wäre deshalb die beste Lösung, vor allem wenn wir es noch schaffen würden, trockenes Holz für ein Feuer zu sammeln.

"Gut, geben wir Gas?"

Wir beschleunigten unseren Schritt, während wir davon träumten, ganz bald ein Feuer zu machen, uns hinzulegen und die Beine auf den Rucksäcken auszuruhen.

Wir hatten die Höhle erreicht und es sogar noch geschafft, ein paar Mal nach draußen zu gehen, um ein paar Haufen trockener Äste zu sammeln. Doch plötzlich kamen der Regen und ein beißender Wind mit einer enormen Wucht von oben herab und wir konnten uns gerade noch so etwas tiefer in unsere felsige Umgebung zurückziehen. Ein paar Minuten später wurde der Regen zu Schnee.

"Mannomann, was für ein Wetter", pfiff Tabo. Ringsherum war alles dunkel geworden, als hätte der Abend einfach außerhalb der Zeit eingesetzt.

"Sieht so aus, als würde das eine Weile dauern."

"Macht nichts, es ist gut, wenn wir uns ausruhen und uns unterhalten. Wir müssen uns vorbereiten."

"Wofür, Kam?"

"Das weiß ich nicht. Aber der *Arkol*, zu dem wir gehen, erfordert ein hohes *Bewusstseinslevel*. Ansonsten hat er keine Wirkung."

"Und was bedeutet ein 'hohes *Bewusstseinslevel*'?"

Ich setzte mich auf einen der Steine an der hinteren Höhlenwand. Tabo nahm in der Nähe Platz.

"Wir müssen verstehen, was mit uns vor sich geht. Unsere Teilpersönlichkeiten müssen am *Arkol* vereint in Erscheinung treten. Auf diese Weise werden wir in die dritte Teilpersönlichkeit übergehen können, die alles an seinen rechten Platz rücken wird."

"Was ist das endgültige Ziel unserer *Jagd*?"

"Auf der Ebene unserer Wahrnehmung: Dein Ziel ist es, deinen Knoten zu lösen und die *Karamora* loszuwerden, meins ist es, das zu Ende zu bringen, was ich einst begonnen habe."

"Sagst du mir, was das ist?"

Ich brummte und knöpfte mir die Jacke bis zum Kinn zu.

"Hier gibt es keine Geheimnisse. Hier im Altai habe ich das Wissen über den *schamanischen Rhombus* erhalten. Die *Jäger* haben mir, meiner Teilpersönlichkeit Beta, die Informationen gegeben. Diese auf eine praktische Ebene zu heben, war aber nur über das *Leben* möglich. Also ging ich zurück in die Stadt, um damit anzufangen, in diese wunderbare Philosophie einzutauchen, um sie zu verstehen und zu ergründen. Dieser Teil der Praxis war das Ziel meiner Alpha-Teilpersönlichkeit. Jetzt ist es an der Zeit, diese Erfahrung in beständiges *Wissen* umzuwandeln und eine andere Ebene zu betreten – den Punkt des *Gleichgewichts*, das Zentrum des *Rhombus* – um diese Philosophie zu einem Teil meines *Weges* zu machen."

"Ist das so wie das 'Erreichen des Nirwana'?", kicherte Tabo.

"Keine Ahnung", antwortete ich mit einem Lächeln, "wir werden sehen."

"Womit fangen wir an?", fragte Tabo und drehte den Kopf zu mir. Wir lagen in unseren Schlafsäcken, eingemummelt im Zelt. Jenseits des Höhleneingangs setzten der Schnee und der Wind ihr grandioses Treiben fort. Es wurde sehr kalt. Aber wir hatten es nicht eilig, Feuer zu machen, denn wir hatten nur wenig Brennholz und vorerst mussten wir uns mit der beim Aufstieg erzeugten Körperwärme begnügen.

"Was ist es, das dir gerade am meisten Sorgen bereitet?"

"Die *Karamora*, was denn sonst?", schnaubte Tabo. "Wenn ich sie nicht loswerde, dann war's das, das Aus, das kann ich spüren. Du musst verstehen, dass ich noch nie zuvor etwas Vergleichbares erlebt habe. Ich kann mit jedem Arschloch fertigwerden, aber mit dieser Kreatur ... Sie jagt mir eine höllische Angst ein. Sie ist einfach jenseits von allem, was ich mir hätte vorstellen können."

Wir lagen schweigend da und lauschten dem Heulen des Windes draußen vor der Höhle. Tabo bewegte sich ungeduldig in seinem Schlafsack.

"Kam, vielleicht sollten wir in die Kirche gehen? Dort um Fürsprache bitten. Ich habe gehört, dass es sogar Kirchen gibt, in denen sie Dämonen austreiben. Oder vielleicht führst du mich zu deinen *Jägern*? Sie haben schließlich viel Erfahrung, so wie ich das verstehe. Sie werden uns helfen."

Ich lächelte.

"Sie helfen auch. Allerdings wird dieses Wort von den Leuten sehr oft falsch interpretiert."

Tabo lachte wieder nervös.

"Heißt das, ich muss es selbst tun? Schon wieder allein!?"

"Ja, du selbst."

Wieder schwiegen wir ein paar Minuten. Die Stille vermischte sich mit den tobenden Geräuschen der Naturgewalten.

"Obwohl, nein", sagte ich und Tabo streckte sich sogar aus seinem Schlafsack heraus, während er mich ansah.

"Wie? Nein?"

"Allein ist das nicht zu schaffen."

"Na bitte! Das sage ich doch. Wir brauchen Unterstützung!"

"Auf jeden Fall! Nur ... Erinnerst du dich, was ich auf dem Seminar gesagt habe?"

"Worüber?"

"Über Hilfe."

"Warte ... Dass der Mensch mit dem *Höchsten Geist* in Kontakt treten muss?"

"Genau!"

"Dann war ja meine Idee mit der Kirche nicht so abwegig. Ich kenne einen Priester, der macht alles genau so, wie es sich gehört."

"Bei Priestern bist du schon gewesen. Hat es geholfen?"

"Damals habe ich ja nicht verstanden, was los war. Aber jetzt, wo ich SIE sogar gesehen habe, wird es bestimmt einfacher."

"Das wird es nicht."

"Warum?"

"Erst einmal müsstest du zum Priester gelangen. Selbst wenn wir heute umkehren, würden wir die Stadt nicht ohne weiteres erreichen."

"Glaubst du etwa, dass sie uns nicht gehen lassen wird?"

"Nein. Schon gar nicht, nachdem du SIE gesehen hast. Außerdem hast du ihre *Begleiterin* entlarvt. Für uns gibt es keinen anderen Weg. Nur vorwärts. Und dort gibt es keine Priester. Wir werden es selbst tun."

"Unsere *Reise* ist also eine Suche nach dem *Höchsten Geist*? Wir müssen ihn finden, dann wird er uns helfen?"

Ich streckte meine Hand aus dem Schlafsack hervor und gab Tabo ein zustimmendes "Daumen hoch".

"Unser ganzes Leben ist genau diese *Reise*."

Der Schneesturm nahm kein Ende. Aus Prinzip hatten wir auf diese *Expedition* keine Uhren mitgenommen, doch da es draußen dunkler wurde, wussten wir, dass der Abend näher rückte. Höchstwahrscheinlich würden wir auch die Nacht hier verbringen. Unser Holzvorrat war eigentlich nur symbolhaft: Das Feuer würde damit höchstens noch eine Stunde lang brennen. Doch in dieser Zeit würden wir uns etwas zu essen machen und uns ein wenig aufwärmen können. In der Nacht würden die Temperaturen dann aber mindestens noch um fünf bis zehn Grad sinken, was bedeutete, dass wir heute unsere Notreserve nutzen mussten – Taschenöfen, kleine benzinbetriebene Geräte, die beispielsweise einen Schlafsack zwanzig Stunden lang aufheizen können. Was wir tun würden, sollte auf dem Rückweg eine ähnliche Situation eintreten, daran wollten wir gar nicht erst denken. Wir spürten beide, dass der bevorstehende Weg etwas sehr Bedeutendes für uns war.

"Kam, wie stehst du eigentlich dem Christentum gegenüber?"

Ich dachte eine Weile nach, bevor ich antwortete. Das war keine leichte Frage.

"Einmal, als ich gerade eine Kirche besuchte, überkam mich plötzlich ein seltsames Gefühl. Mir war ganz schwer ums Herz. So viel Güte um mich herum, und ich wollte heulen. Dann habe ich mir die Ikonen angeschaut und dabei bemerkt, dass sie alle einen traurigen Gesichtsausdruck hatten. Auf der einen Seite wusste ich, dass das Christentum auf märtyrerhaften Vorstellungen aus unruhigen Zeiten gründete. Auf der anderen Seite brauchte ich, als ich in dieser Kirche war, rein menschlich gesehen etwas vollkommen anderes. Ich dachte immer, dass die Religion eine Art Vorbild sein sollte, erfüllt von unglaublicher Leichtigkeit und Freude. Also habe ich angefangen, die Leute zu beobachten, die in die Kirche kamen. Weißt du, was ich bemerkt habe?"

Tabo hörte meiner Erzählung aufmerksam zu, während er in seinem Schlafsack lag.

"Die meisten Menschen kamen in die Kirche, um zu bitten. Und sie waren verängstigt. Damals habe ich begriffen, dass sich die Philosophie der *Mangen* auch in die Gotteshäuser eingeschlichen hat. Dann kam mir in den Kopf, dass diejenigen, die die Welt beherrschen, ja wohl kaum die Weltreligionen in ihrer reinen Form belassen hätten. Sicher waren irgendwelche Veränderungen vorgenommen, irgendwelche Fallen eingebaut worden, dank derer die Kirchen und Tempel ohne weiteres im Zentrum des sozialen Lebens stehen konnten. Jedoch nicht als Leuchtfeuer, sondern als Teil des Systems. Bei diesem Gedanken fühlte ich mich ganz unwohl. Dann ging ich los und suchte jemanden, mit dem ich reden konnte. Da ich aber keinen Geistlichen finden konnte, musste ich mich mit einer Frau zufriedengeben, die offenbar in der Kirche arbeitete. Sie hat mir aufmerksam zugehört und dann gesagt, dass man Gott im Herzen suchen müsse, dass Jesus alle Angriffe der Finsternis, für die die Menschen verantwortlich seien, abwehre. Dass die *himmlische* Kirche über alle Verwirrungen erhaben sei. Dabei zeigte sie auf die Ikonen und schaute mir eindringlich in die Augen, während sie hoffte, dass ich plötzlich von Güte erfüllt würde. Doch ich habe mich irgendwie nicht wohlgefühlt. Pauschale Phrasen reichten mir nicht aus. Ich bedankte mich bei der Frau und begann, durch die Kirche zu schlendern und die Ikonen anzuschauen. Ich betrachtete die mir unbekannten Menschen, die dort dargestellt waren, und ein Gedanke schoss mir durch den Kopf: Wie konnte ich Jesus in meinem Herzen finden, wenn ich ihn nur vom Hörensagen kannte? Und überhaupt weiß man nicht, ob er tatsächlich existiert hat oder nicht. Oder vielleicht ist das auch etwas, das die *Mangysen* in unserer Geschichte verfälscht haben. Eine der Ikonen hatte meine Aufmerksamkeit auf sich gezogen und ich trat näher an sie heran. Sie stellte die Muttergottes mit dem Kind dar. Eine Weile stand ich vor ihr, verspürte seltsame Gefühle. Ich konnte irgendwie die *Tiefe* spüren, doch man musste sie suchen. Da wurde mir klar, dass die meisten Menschen die Religion, wie auch ihre Arbeit, zu etwas Gewöhnlichem, Alltäglichem, Leblosem gemacht hatten. Dabei bedeutet Religion in Wirklichkeit Schöpfung, Erkenntnisse, Eintauchen in die Tiefe und eine ständige Suche. Kurzum, ich habe die Kirche verärgert verlassen. Ich habe dort kein *Leben* gespürt. Es war irgendwie alles ... unecht. Und das Wichtigste: Die meisten Leute taten so, als ob alles für sie lebendig wäre. Und so stand ich am Eingang des Tempels, schaute in die Gesichter der Kirchgänger und dachte lange nach."

"Und was ist dabei herausgekommen?"

"Ich habe meinen Gefühlen aufmerksam zugehört und verstanden, dass diese Sache sehr kompliziert und unverständlich ist. Und niemand vermittelt den Menschen diesen *großartigen Gedanken* in einfacher Form. Es ist wie mit der Buchhaltung. Hast du dir mal überlegt, warum für das Rechnungswesen ganze Abteilungen von Spezialisten nötig sind, wenn die Steuererklärung selbst ganz einfach und höchst effizient sein kann?"

"Na klar", lachte Tabo, "damit sich die Leute kaputtarbeiten, das weiß doch jeder!"

"Stimmt, das mag wie ein Witz erscheinen, aber in Wahrheit ist es ein ernstes Problem! Als Spezialist für Informationstechnologie kann ich mit Sicherheit sagen, dass das ganze System der Steuererklärung absichtlich so geschaffen worden ist, damit sich die Menschen in einer Lawine aus Informationen verzetteln, sich in Schwierigkeiten verfangen wie in einem Spinnennetz. Genau dasselbe hier – als ich vor der Kirche stand, spürte ich intuitiv, dass alles eigentlich viel einfacher ist, aber es war, als hätte man Mauern um den Kern der Sache gebaut. Zwischen der Kirche und der Stadt befand sich eine unsichtbare Mauer. Aber das Schlimmste für mich war zu sehen, wie die meisten Kirchgänger versuchten, nach außen das Bild der gütigen A-Teilpersönlichkeit zu vermitteln, während es in Wahrheit aber nur eine Maske war, die über der verängstigten B-Teilpersönlichkeit getragen wurde."

"Na ja, aber immerhin ist es ein Ort, an dem man die Möglichkeit hat, die B-Teilpersönlichkeit zu verlassen und die A-Teilpersönlichkeit zu betreten."

"Merkst du es? Das klingt irgendwie ... unnatürlich. So sollte Religion nicht sein. 'Immerhin ein Ort', das ist nicht genug, um die Religion zu beschreiben. Sie stellt die *Tore zur Ewigkeit* dar. Als ich dort am Eingang der Kirche stand, habe ich eine wichtige Sache begriffen. Weißt du noch, dass ich beim Training von der BRÜCKE zwischen A und B gesprochen habe? Das Problem besteht darin, dass die Religion vom alltäglichen Leben völlig abgeschnitten ist. Die *Jäger* haben mich gelehrt, dass das *Leben* selbst eine *Religion* sein muss – eine *lebendige Religion*, durch die man in allem die Anwesenheit des *Höchsten Geistes* spüren kann."

"Und mit diesen Gefühlen bist du dann von dort weggegangen?"

"Ja. Ich kaufte ein kleines Heiligenbild, auf dem die Muttergottes und ihr Kind zu sehen waren. Damit wollte ich versuchen, die ganze Sache doch irgendwie zu verstehen. Ich ging in die

Stadt zurück und machte mich auf die Suche nach der *lebendigen Religion*."

"Und, hast du sie gefunden?"

"Ich suche noch. Aus diesem Grund bin ich hier. Für mich ist diese *Jagd* genau das - die Suche nach dem *Höchsten Geist*. Wie übrigens auch für dich. Du hast nur deine Prioritäten noch nicht gesetzt. Doch mittlerweile verstehst auch du, dass wir diese Bestie, die sich an dir festgesaugt hat, ohne den *Höchsten Geist* nicht loswerden können."

Erinnerungen

DIE JÄGER DER SEE DER BERGGEISTER

(Altai, 2013)

"Manchmal ist das Menschsein doch ziemlich schwer, vor allem dann, wenn es etwas gibt, mit dem man es vergleichen kann."[17]

Max Frei

"Polina, wie kann man über das *Injara* zur Erkenntnis des *Höchsten Geistes* gelangen?"

Die *Jägerin* erhob sich aus dem Gras und ging zum Seeufer. Sie streckte ihre Finger in das kalte Wasser und bewegte sie genussvoll hin und her, während sie wundersame Muster malte.

"Das *Injara* ist nur eines der fundamentalen Prinzipien, das einen Ausweg auf eine neue Bewusstseinsebene darstellt. Es ist

---

17 Zitat frei übersetzt, Anm. d. Übers.

einer der Steine, auf dem der *schamanische Rhombus* verankert ist. Das *Injara* offenbart den Menschen die Geheimnisse und Möglichkeiten der menschlichen *Kommunikation*."

Mit ihrer Handfläche schöpfte sie etwas von dem kristallklaren Wasser und spritzte es auf mich. Ich genoss es, ein bisschen Kälte auf der heißen Haut zu spüren. Polina lächelte.

"Es fällt den Menschen schwer, die Essenz des *Injara* zu verstehen. Denn die Filter in unserem Verstand wollen alles so verzerren, dass es der Denkweise der *Mangen* entspricht. Du bist der Meinung, dass das *Injara* die Kunst der Kommunikation zwischen *Frau* und *Mann* darstellt, das heißt, du versuchst alles in einen sexuellen Kontext zu bringen, aber das stimmt so nicht ganz. Die Essenz des *Injara* ist etwas viel *Tieferes*. Es geht darum, eine neue Ebene der *Kommunikation* zwischen allen Lebewesen zu erreichen. Auf diese Weise werden wir uns von der Schar an Energieparasiten, die sich in unserem Leben befinden und die von uns *Besitz* ergriffen haben, befreien können. Solange aber die alte, verzerrte Form der Kommunikation bestehen bleibt, werden die Parasiten unsere *Kraft* aufsaugen."

Polina kam zurück und setzte sich neben mich, sie berührte mich mit ihrer Schulter.

"Bitte sag mir, wie die Leute heutzutage miteinander verbunden sind?"

Ich dachte nach. Meine Gedanken waren etwas durcheinander, da wir uns an diesem offensichtlich nicht einfachen Ort befanden. Außerdem riss Polinas Anwesenheit meinen Geist immer aus seinem üblichen inneren Dialog heraus.

"Meistens sind die Leute durch irgendwelche gemeinsamen Geschäfte oder Verpflichtungen miteinander verbunden."

"Genau. Das ist die Philosophie der Entfremdung der *Mangen*. Was aber verbindet Menschen, die auf einer anderen Ebene miteinander interagieren, beispielsweise im Rahmen verschiedener Religionen oder esoterischer Konzepte?"

"Liebe und Mitleid."

"Auch richtig. Aber aufgrund der von den *Mangen* auferlegten Filter der Entfremdung haben die verzerrten Leute auch das Verständnis des Wortes 'Liebe' verzerrt. Meistens steckt etwas ganz anderes hinter dem Begriff. Außerdem denken nur sehr wenige Menschen über die Bedeutung des Wortes 'Mitleid' nach. Siehst du meinen Punkt?"

"'Mit-Leid', also 'gemeinsam leiden'?"

"Ja, genau. Sich gegenseitig Leid übertragen. Genau das ist der Mechanismus für die Weitergabe der dunklen Energie."

"Na ja, aber vielleicht müssen die Leute manchmal das Leid eines anderen lindern, indem sie selbst einen Teil der Last auf sich nehmen?"

Polina kniff die Augen zusammen, dann sah sie mich an.

"Denk selbst einmal nach: Erst leidet ein Mensch, dann leiden mindestens zwei. Für wen ist es dadurch leichter geworden? Das ist dasselbe, wie wenn ein gesunder Mensch zu einem kranken geht und sagt: 'Huste mich an, ich will mich auch anstecken, damit du nicht so alleine krank sein musst.'"

Wir lachten. Polina legte ihre Hand auf meine.

"Der Mensch muss gesund werden. Dies geschieht nicht, indem das Gefühl des Leids vermehrt wird, sondern indem es beseitigt wird. Das kann aber nur unter einer Bedingung passieren, nämlich dann, wenn der innere Raum des Menschen mit etwas anderem, etwas Passenderem für ihn gefüllt wird. Denn das Gefühl des Leids ist eine Falle, eine Folge der Ansteckung. Der Mensch leidet, weil seine Verbindung zum *Höchsten Geist* gekappt ist. Deshalb ist es wichtig, ihn spüren zu lassen, dass er Teil von etwas *Größerem* ist. Der erste Schritt in Richtung des *Höchsten Geistes* ist, die Entfremdungszone zu verlassen. Und hier werden diejenigen wichtig, die nicht nur selbst diesen wunderbaren Zustand erlebt haben, sondern die es auch vermögen, ihn weiterzugeben, von einem Lebewesen zu einem anderen. Verstehst du?

Anstatt das dunkle Virus zu übertragen, können wir etwas anderes weitergeben, etwas Helles, Gutes und Freudiges. Es ist die Alternative zum 'Mitleid' – das 'MIT-GEFÜHL', die Weitergabe der eigenen Gefühle, bei der wir lernen, mehr zu geben, als wir verbrauchen. Genau darum geht es in der Kunst des *Injara* – wir vereinen unsere Gefühle und erwecken das *tiefe* Potenzial ineinander. So suchen wir den *Höchsten Geist*, so offenbaren wir ihn in allem, was existiert. Der Verstand des *Mangen* mag das *Injara* für eine Reihe von Einschränkungen halten, aber das ist es nicht. Es ist der *Weg zur großartigen Liebe*. Verstehst du?"

Eine Weile saßen wir einfach da und bewunderten die traumhafte Seenlandschaft. Ich versuchte, das eben Gehörte zu verdauen, wusste aber, dass mir das jetzt ohnehin nicht gelingen würde. Die *Jägerin* stupste mich leicht mit ihrer Schulter an.

"Mach dir keine Sorgen, du machst dir gerade ein neues Bild von der Welt. Aber lernen, wie du die Welt mit diesem neuen Blick anschaust, musst du in der Stadt. Und eines Tages, wenn sich deine Körper einigen, wirst du hierher zurückkehren und alle losen Enden zusammenführen."

Exoten

WELTFORMISMUS

(Altai, 2015)

"Manchmal regelt sich alles im Leben
auf seltsame Weise von selbst."[18]

Max Frei

Widerwillig krochen wir aus unseren beheizten Schlafsäcken und machten ein Feuer. Im Kessel kochten wir Wasser auf, bald würden wir also einen heißen Tee trinken. Es gab nichts Besseres während eines Schneesturms mitten im Sommer. Tabo schaute mich an.

"Kam, was tun wir als Nächstes? Welche praktischen Schritte unternehmen wir? Wie werden wir den *Höchsten Geist* suchen?"

Ich holte Tee und zwei Snickers, die unser Abendessen sein würden, aus meinem Rucksack.

---

18 Zitat frei übersetzt, Anm. d. Übers.

"Die *Jäger* sind der Meinung, dass es viel schwieriger ist, ihn zu suchen, als ihm einfach zu erlauben, sich zu zeigen."

"Wie denn das?"

"Hast du schon einmal von 'Hellingers Familienaufstellungen' gehört?"

"Ja, habe ich. Es geht darum, ein bestimmtes Lebensszenario darzustellen, wobei auch Dritte mit einbezogen werden. Dabei lernt der Mensch, seine Probleme zu sehen. Mir ist aber bis heute nicht klar, wie das funktioniert."

"Mir auch nicht. Auch Bert Hellinger selbst kann es nicht erklären. Wobei der Kern dieses Prozesses ganz simpel ist - man bittet den *Höchsten Geist* um Hilfe und *Er* wird alles regeln."

Tabo grinste.

"Und das ist alles? So einfach?"

Ja, so einfach", nickte ich ihm zu, "genau so sollte wahrscheinlich die *Religion* auch sein."

"Und wie kann sich der *Höchste Geist* hier offenbaren, in einer kleinen, drei auf drei Meter großen Höhle?"

"Er kann es", zwinkerte ich ihm zu und erinnerte mich daran, wie ich hier mit Polina gesessen hatte, die es immer fertigbrachte, auch die gewöhnlichsten Dinge von einer ganz unerwarteten Seite darzustellen. Ich stand auf, ging zur Höhlenwand und winkte Tabo zu mir. Hier waren sie! Der Schein der Taschenlampe machte drei kleine Einkerbungen im Stein sichtbar.

"Was ist das? Höhlenmalerei?"

"Ich glaube, dass dieses *Zeichen* Tausende von Jahren alt ist. Das ist das Zeichen, das Roerich zu seinem Symbol gemacht hat und das er 'Friedensbanner' nannte."

"Richtig! Ich erinnere mich an so ein Symbol."

"Es ist das Symbol der *Dreieinigkeit*. Es ist in vielen Religionen zu finden, die wir heute kennen. Besonders im Christentum, wo es für 'den *Vater*, den *Sohn* und den *Heiligen Geist*' steht, spielt es eine wichtige Rolle."

"Glaubst du nicht, dass es sich hier um eine neuere Zeichnung handelt?", Tabo sah sich das Dreieck genau an.

"Was macht das für einen Unterschied? Für den *Höchsten Geist* gibt es keinen historischen Wert, denn für ihn ist alles von *absolutem Wert* – sowohl das, was vor tausend Jahren geschaffen worden ist, wie auch das, was erst gestern gemalt wurde. Mithilfe von Zeichen hilft er uns, sein *Bewusstsein* zu erkennen. Das ist das Allerwichtigste. Jeder könnte das Zeichen gemalt haben, ein Höhlenbewohner, ein zufälliger Reisender oder vielleicht Buddha selbst."

"Buddha?"

Ich legte meine Hand auf das Dreieck und fühlte den glatten Stein.

"Natürlich. Weißt du nicht, dass einige Legenden besagen, Buddha hätte hier in den Bergen des Altai seine Weihe empfangen? Es würde mich nicht wundern, wenn sie genau hier in dieser Höhle stattgefunden hätte. Es ist durchaus möglich, dass seine Hand dieses Zeichen hier hinterlassen hat."

"Und wie kann uns dieses Zeichen helfen?"

Ich zwinkerte ihm zu und nickte in Richtung des draußen tobenden Schneesturms.

"Hältst du es für einen Zufall, dass wir mitten im Sommer aufgrund eines Schneesturms in dieser kleinen Höhle festsitzen, in der wir nur dieses Zeichen finden, sonst nichts? Ich glaube, genau das ist unser *Schlüssel,* unsere *Brücke,* um in die *Lichtschatten* überzugehen."

"Aber Kam, können wir die *Lichtschatten* denn nicht auch mithilfe deiner Wunderkräuter betreten?"

Tabo lag wieder im Schlafsack, ich stand vor dem Zeichen und schaute es mir genau an.

"Das war eine Notlösung, weil es dringend war. Höchst gefährlich und unzuverlässig. Das nächste Mal müssen wir die *Lichtschatten* ohne jegliche stimulierende Mittel in unserem natürlichen Bewusstseinszustand betreten. Dafür müssen wir *leer* sein, müssen uns von allem Unnötigen reinigen."

"Ich weiß noch, dass du beim Training über den Prozess der '*Leerung*' gesprochen hast, ich verstehe allerdings nicht, wie man diesen Zustand erreicht."

Ich wandte mich von der Wand ab und setzte mich an die glimmende Feuerstelle.

"In Wahrheit ist genau das unser echter Zustand."

Mit der Hand klopfte ich mir ein paar Mal leicht auf die Brust.

"Unser Verstand ist der Auffassung, dass wir feste Objekte seien. Physiker haben aber bewiesen, dass ein Atom zu 99,999 Prozent aus leerem Raum besteht. Stell dir das mal vor!"

Tabo fühlte in sich hinein.

"Heißt das etwa, dass wir zu 99 Prozent einfach leer sind?"

"Nicht nur das. In dieser Leere befinden sich subatomare Teilchen. Es gibt Hypothesen, dass es sich bei diesen Teilchen um Energiebündel handelt, die ein Bewusstsein haben. Kannst du dir vorstellen, dass wir aus denkender Leere bestehen und uns dennoch für ein Stück Fleisch halten? Wir streiten, sorgen uns, leiden, verdummen, werden krank und merken dabei nicht, dass all das nur ein tausendstel Prozent von dem ist, was wir wirklich sind. Die *Religion der Jäger* ist die Rückkehr zu unserer ursprünglichen *Natur*, die nach dem Bild und Gleichnis der *göttlichen Leere* - des *Höchsten Geistes* - geschaffen ist. Aber der Weg dorthin führt über diese leidvollen Prozentbruchteile."

"Das ist mal eine Wendung", Tabo hatte sich in seinem Schlafsack sogar aufgesetzt, "das heißt also, um zu verstehen, wer wir wirklich sind, müssen wir diesen winzigen Prozentsatz vom Virus und anderen Fremdkörpern befreien?"

"So sieht es aus."

"Gut, Kam. Ich will damit beginnen, mich zu reinigen. Womit fange ich an? Sag bitte nicht, dass ich mit mir selbst beginnen muss. Das ist banal und unverständlich."

"Du kannst anfangen, womit auch immer du willst."

"Okay, aber wie? Mein Verstand kann noch immer nicht abstrakt denken. Er ist an konkrete Schritte, an bestimmte Techniken gewöhnt."

Aus dem Rucksack holte ich mein Notizbuch und einen Stift.

"Der *schamanische Rhombus* ist eine Technik. *Fünf Ringe der Kraft*, fünf Schritte zum *Höchsten Geist*. Den mittleren Punkt des Gleichgewichts nennen die *Jäger* 'DSHAKSIN', was 'das mit Leere erfüllte Herz' bedeutet. Zur *Leere* kann man auf verschiedene Weisen gelangen. Die *Jäger* haben ihre Methoden, der Stadtmensch hat seine. Wenn du willst, kann ich dir eine der städtischen Varianten zeigen."

Ohne darüber nachzudenken nickte Tabo.

"Als ich aus der Taiga in die Gesellschaft zurückgekehrt bin, habe ich ein gewisses Konzept entwickelt, das ich '*Weltformismus*' genannt habe. Der *Weltformismus* basiert auf der Aussage, die Buddha seinerzeit gemacht hat. Er sagte, dass unsere Umwelt ein Abbild unserer Gedanken sei."

Aus unseren Schlafsäcken hatten wir zwei Kokons gemacht. Auf diesen saßen wir uns jetzt gegenüber, als würden wir darauf warten, dass zwei schwerelose Schmetterlinge daraus hervorschlüpften. Tabo hörte aufmerksam zu. In den letzten zwei Tagen hatte er sich stark verändert, er war nachdenklicher und ... besonnener geworden. Er klammerte sich an die kleinsten Nuancen und versuchte, ein Mittel gegen den Dämon zu finden, den er früher für ein Produkt seiner Fantasie gehalten hatte.

"Es waren die Ho'oponopono-Methode der hawaiianischen Indianer und die dir schon bekannten 'Hellinger-Aufstellungen', die mich dazu brachten, dieses Konzept zu entwickeln. Ich habe die Idee dahinter übernommen und machte mit ihrer Hilfe die Philosophie der *fünf Ringe der Kraft* zu einer praxisorientierten Technik. Sie ermöglicht es, eines der wichtigsten Manöver im

Leben eines Menschen durchzuführen, nämlich jeden beliebigen kausalen *Knoten* zu entwirren und sich von der dunklen Energie des *Mortido* zu befreien, die in diesem *Knoten* steckt."

"Jeden beliebigen Knoten?", hakte Tabo nach.

"Jeden! Denn Teil dieser Technik ist es, die Hilfe des *Höchsten Geistes* in Anspruch zu nehmen, und für ihn gibt es keine unlösbaren Probleme."

"Aber wie kommst du darauf, dass der *Höchste Geist* dir beim Lösen jedes beliebigen Problems helfen wird?", Tabo zweifelte, denn für ihn hing sehr viel von der Wirksamkeit der zur Verfügung stehenden Methode ab.

"Der größte Vorteil dieser Technik ist der, dass du, sobald du dich an den *Höchsten Geist* wendest, eins mit ihm wirst."

"Ich habe diese Technik '*das Gebet des Jägers*' genannt. Es besteht aus sieben aufeinanderfolgenden Stufen, von denen jede im Grunde eine eigenständige *Absicht* darstellt."

Erste Stufe

"WELTFORMISMUS"

"Der Weltformismus ermöglicht es, den ersten Schritt in das System zu machen, den Vektor der Wahrnehmung zu verändern.

Er handelt davon, dass ALLES, WAS IN DER AUßENWELT PASSIERT, EIN ABBILD UNSERES INNEREN RAUMES IST.

Das bedeutet, dass jede Situation, jeder Mensch, jedes Bild – alles, womit unsere Aufmerksamkeit in Kontakt kommt – eine Projektion des *inneren Raums* auf den *äußeren* ist. Unserer üblichen *Mangen*-Wahrnehmung widerspricht diese Weltsicht. Die *Mangen* versuchen, all ihre Probleme ausnahmslos im Außen zu lösen. Der *Jäger* hingegen richtet den Vektor der Aufmerksamkeit auf sich selbst, tauscht einen Raum durch einen anderen aus. Das ist der Grundstein des ganzen Systems. Die Leute kennen dieses Konzept. Hin und wieder sagen sie etwas wie: "Die Welt um uns herum ist ein Spiegel." Meistens aber bleibt die Erkenntnis auf der Ebene der Worte und Vermutungen. In der Praxis versucht die Mehrheit weiterhin, ihre *Knoten* in der Außenwelt zu lösen. Aber was kann man schon mit einem Spiegelbild machen? Man kann es nur ANSCHAUEN, um das Original auf Grundlage des Abbilds zu korrigieren. Das ist es, was die *Jäger* unter angewandtem Wissen verstehen. Die *Jäger* übernehmen VERANTWORTUNG für alles, womit ihr Bewusstsein in Berührung kommt.

Wenn er die Verantwortung übernommen hat, geht der *Jäger* zur zweiten Stufe über."

Zweite Stufe

DREIEINIGKEIT

"Sinn dieser Stufe ist es, sich an den *Höchsten Geist* zu wenden.

Das bedeutet, dass der *Jäger* eine Art dreifaltiges System erschafft. Teil dieses Systems sind er selbst, der *Höchste Geist* sowie die Situation oder die Person, die den Knoten darstellt, den es zu lösen gilt.

Auf diese Weise geht der Mensch über die Grenzen seiner eigenen Möglichkeiten hinaus. Wie bereits erwähnt, ist die Idee ganz einfach: Es genügt, sich mit der Bitte, den Knoten zu lösen und von der dunklen Energie befreit zu werden, an den *Höchsten Geist* zu wenden. Wenn man genauer hinsieht, beinhaltet schon das Schema selbst ein sehr wichtiges Postulat: Der *Jäger* betrachtet die Person/die Situation nicht als etwas Fremdartiges, sondern als Teil von sich selbst, als Teil des *Höchsten Geistes*. Nachdem diese *Absicht* gefasst worden ist, kann man weitergehen.

Die ersten beiden Stufen bilden die Grundlage. Die nächsten Stufen sind schon die eigentlichen *fünf Schritte der Kraft*."

Dritte Stufe

METANOIA

"An den *Höchsten Geist* sollte man sich mit ganz einfachen Sätzen, die eine bestimmte *Absicht* enthalten, wenden. Sätze sind außerdem nur am Anfang nötig. Später, wenn sich der *Jäger* daran gewöhnt, seine Verbindung zu dem Knoten und zum *Höchsten Geist* zu FÜHLEN, wird der ganze Prozess anders ablaufen – ohne Worte, dafür mit einem Gespür für das, was mit einem geschieht.

Wie du dich erinnern kannst, beginnt der erste Schritt mit der BUßE, mit der LOSLÖSUNG von der dunklen Energie, die den Knoten erst zu einem Knoten und das Problem zu einem Problem macht. Aus diesem Grund sollte hier der Satz 'ES TUT MIR LEID' gesagt werden. In diesem Moment kommt es im Innern zu einem Bruch mit dem Knoten und es entsteht die Möglichkeit, über seine Grenzen hinauszugehen. Es ist, als wäre man in einem klebrigen Spinnennetz verfangen, in dem man sich mit jeder Bewegung noch mehr verheddert, doch dann ist man plötzlich wieder frei."

"ES TUT MIR LEID."

Vierte Stufe

AKAN

"Der nächste *Schritt* ist es, den Knoten zu lösen. Dazu passt der unserem Verstand vertraute Satz 'VERZEIH MIR'. Wir sprechen die Worte aber in einem vollkommen anderen Kontext aus, welchen die meisten üblicherweise nicht wahrnehmen. Während viele Leute mit diesem Satz um Vergebung für begangene Fehler bitten, bringt der *Jäger* eine andere *Absicht* zum Ausdruck, in welcher 'VERGEBUNG' auch eine Art 'VEREINFACHUNG' bedeutet, in der Bitte schwingt 'MACH ES EINFACHER', 'LÖSE DEN KNOTEN' mit. Der Zustand der EINFACHHEIT ist für uns das Pendant zu unserem natürlichen Zustand – zu unserem *menschlichen* Zustand, in dem der *Kraftkern* so funktioniert, dass wir alles *einfach* und *klar* wahrnehmen können. Der Zustand des *Mangens* bedeutet Verkrümmungen, Verzerrungen, feste Knoten. Daher ist 'VERZEIH MIR' gleichbedeutend mit 'bring mich zurück zum Zustand der *Einfachheit*, in dem meine eigene *Kraft* frei fließt'. Genau das ist der *belebende Impuls*."

"VERZEIH MIR."

Fünfte Stufe

AKSIR

Das AKSIR steht, wie du dich bestimmt erinnerst, in direktem Zusammenhang mit der Reinigung. Der Satz "REINIGE MICH" erzeugt die *Absicht*, die dunkle Energie, die sich infolge der Verzerrung angesammelt hat, aus dem inneren Raum zu vertreiben."

"REINIGE MICH."

Sechste Stufe

INJARA

"Der nächste Schritt symbolisiert die Wiederherstellung der Beziehungen zu der problematischen Person/Situation. Sobald der Raum entwirrt und gereinigt ist, muss die Verbindung zu ihm wiederhergestellt werden. Dabei hilft der Satz 'ICH DANKE DIR'. Er ist wie Klebstoff, klebt das, was von der dunklen Energie zerstört worden ist, wieder zusammen. Indem der *Jäger* diese Worte ausspricht, öffnet er sich wieder für all das, was einst verstümmelt worden ist."

"ICH DANKE DIR."

Siebte Stufe

DSHAL

"Zum Schluss, wenn die Verbindungen wiederhergestellt worden sind, muss der Raum wieder mit *Lebenskraft* gefüllt werden. Der *Jäger* schließt den Vorgang mit dem Satz 'ICH LIEBE DICH' ab, dem mächtigsten Satz auf diesem Planeten. Mach dir dabei klar: Während sich der *Jäger* zuvor mit seiner Bitte, den Knoten zu lösen, an den *Höchsten Geist* gewandt hat, so kann er sich jetzt mit diesem Satz an jedes der drei Elemente der *Dreieinigkeit* wenden. Denn der *Jäger* weiß, dass der *Höchste Geist* allen drei Elementen des Systems innewohnt!"

"ICH LIEBE DICH."

"Verstanden?

ICH ÜBERNEHME VERANTWORTUNG FÜR ALLES, WAS IN MEINEM ÄUßEREN UMFELD PASSIERT.

ICH WENDE MICH AN DEN HÖCHSTEN GEIST MIT DER BITTE, ALLE DINGE IN ORDNUNG ZU BRINGEN. DABEI VERSTEHE ICH, DASS DIE SITUATION VON DREIFALTIGER NATUR IST.

ES TUT MIR LEID.

VERZEIH MIR.

REINIGE MICH.

ICH DANKE DIR.

ICH LIEBE DICH."

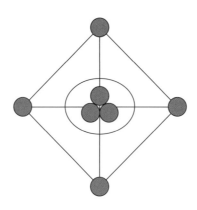

Aufmerksam studierte Tabo die Notizen im Heft. Dann wandte er den Blick mir zu.

"Kam, willst du damit sagen, dass ich mithilfe dieses 'Gebets' die *Karamora* loswerden kann?"

Ich machte die Taschenlampe aus. Wir brauchten das Licht eigentlich nicht mehr, jetzt konnten wir auch in der Dunkelheit reden.

"Wenn deine *Absicht* ehrlich ist, dann wird das 'Gebet' die entsprechenden *Kräfte* in Gang setzen. Wann und wie sie verwirklicht werden, weiß niemand. Falls du dir also im Geiste ausgemalt hast, wie du den Zauberspruch aufsagst und sich dann direkt die Magie vor deinen Augen abspielt, dann wirst du wahrscheinlich enttäuscht werden. Obwohl ... wer weiß schon, wie es geschehen wird", lächelte ich, "vielleicht genau so."

"Ich frage mich nur, ob so eine einfache Technik denn mit einer Teufelskreatur wie der *Karamora* fertigwerden kann?"

"Du hast in deinem Verstand gerade Prioritäten gesetzt, obwohl du weder etwas über die *Karamora* noch über die Möglichkeiten dieses 'Gebets' weißt. Vielleicht ist eine einfache Technik ja genau das, was wir hier brauchen?"

"Kann man mithilfe des Gebets auch globale Prozesse beeinflussen? Oder dient es nur dazu, lokale Knoten zu lösen?"

Ich lehnte mich an die Rückseite des Kokons, die mit einer Isomatte verstärkt war.

"Wenn du möchtest, werde ich dir eines meiner Geheimnisse verraten."

"Klar will ich das!", ertönte Tabos neugierige Stimme aus der Dunkelheit. "Es kommt bestimmt nicht oft vor, dass der Kamkurt seine Geheimnisse preisgibt, oder?"

"Dir kann ich sie erzählen", lächelte ich in die Dunkelheit zurück, "nach allem, was zwischen uns passiert ist."

"Ich bin geschmeichelt ..."

"Gut, hör zu. Früher habe ich von einer Karriere beim Militär geträumt. Weißt du, warum?"

"Warum?"

"Als ich noch ein Kind war, schätzte ich mich wahrhaft glücklich, in einem Land wie der UdSSR zu leben. Ich verspürte eine große Zuversicht in Bezug auf die Zukunft, eine solche Ruhe – all das brachte ich mit den Soldaten in Verbindung, die unser Land vor Faschisten, Imperialisten und sonstigem Übel beschützten. Meine ganze Dynastie bestand aus Militärangehörigen, worauf ich unheimlich stolz war. Dann gab es eine Zeit in meinem Leben, in der ich vom Dienst enttäuscht war und beschloss, dass ich meinem Vaterland auch auf andere Weise dienen könnte, ohne von Vorgesetzten und dem starren Rahmen der Dienstvorschriften und Tätigkeitsbeschreibungen abhängig zu sein. Also habe ich meine Agentur gegründet. Sie war eine Informationsressource, und schon damals fing ich an zu begreifen, dass die Informationsebene viel effektiver ist als die materielle Ebene. Im Laufe der Zeit begannen wir, Aufträge für bestimmte Organisationen, die mit der Verteidigung zu tun hatten, auszuführen. Nun, wie das manchmal so ist, wenn in gewissen Situationen das eigene Personal nicht eingesetzt werden darf, werden Privatunternehmer für die Informationsbeschaffung hinzugezogen. Ich nutzte diese Gelegenheiten und war ein paar Mal an verschiedenen Konfliktherden vor Ort. Weißt du, was ich dort gesehen habe?"

Die Dunkelheit schwieg, aber ich konnte spüren, dass Tabo mir aufmerksam zuhörte.

"Durch und durch verzerrte Orte – so viel Schmerz, Zerstörung, Tod, Lügen, Verrat, Aggression, Heimtücke – als ob sich alle Laster der Welt in diesem einen Punkt vereint hätten. Und da wurde mir klar, dass ich in dieser Situation als physischer Kämpfer rein gar nichts tun konnte. Hier war sogar die Informationsebene wirkungslos. Gegen diesen verzerrten Ort musste etwas auf der *tiefen* Ebene getan werden. Ich konnte sogar körperlich spüren, wie die Materialität dieser Welt durch das Übermaß an dunkler Energie zerrissen worden war. In diesem Moment kam mir das 'Gebet der Jäger' zu Hilfe. Ganz gleich ob du stark oder schwach bist, groß oder klein, während du betest, wirst du zu etwas unermesslich *Großartigem*. So begann ich damit, diese Orte mit meiner *Kraft* zu erfüllen. Nicht mit Mitleid, denn ich wollte das Leid von dort weder wegnehmen noch wollte ich mein eigenes hinzufügen. Ich teilte mein *Mitgefühl*, so wie es mir die *Jäger* beigebracht hatten. Ich versuchte, diesen Ort wieder heil zu machen, füllte ihn mit meiner *Liebe* und sandte sie in alles, was Teil dieses Ortes war – in die Kinder, die Erwachsenen, die Alten, die Soldaten, die Hunde und die zerstörten Gebäude. Ich blickte zwar nach außen, erkannte aber gleichzeitig, wie dieser Albtraum mit mir selbst in Verbindung stand. Ich begriff, dass ich dieses Grauen um mich herum nur sehen konnte, da es auch Teil meines eigenen inneren Raumes war. So verbrannte ich es auch in mir selbst, löste es, reinigte mich und füllte diesen Raum anschließend mit der Energie des *Höchsten Geistes*. Ich habe keine Ahnung, wie groß die Auswirkungen meiner Bemühungen auf die Situation an diesen Orten waren – das Wirken des Geistes lässt sich nicht in vollem Umfang nachvollziehen –, aber ich weiß, dass es das Einzige war, das ich in dieser Situation hätte tun können, und dass es tausendmal mehr bewirkt hat als mein physisches Eingreifen. So viel dazu ..."

"Hm ja ...", meldete sich Tabo aus der Dunkelheit, "wer weiß, vielleicht sind auf diese Weise schon viele Kriege beendet worden. Vielleicht konnten viele sogar verhindert werden. Ich habe vom Gebet der Altväter zu Zeiten des Vaterländischen Krieges gehört."

Wieder lagen wir schweigend da. Nach einer Weile ertönte Tabos leises Lachen.

"Kam, mir ist gerade etwas eingefallen. Was, wenn ich dich ab jetzt, nachdem ich diese Geschichte gehört habe, nicht mehr Kam, sondern KAMO nenne? Was meinst du?"

"Und was bedeutet das?"

"Du wirst es nicht glauben, übersetzt bedeutet das afrikanische Wort Kamo 'stiller Krieger'."

Wieder erfüllte Lachen die Dunkelheit der Höhle. Ich konnte spüren, dass wir auf diese Weise versuchten, mit unserer nervösen Anspannung, hervorgerufen durch den Einbruch der Nacht, fertigzuwerden. Tabo verspürte eine geradezu physische Angst vor der Nacht, denn mit ihr würde auch die schwarze Lady, die *Karamora*, auftauchen, welche wusste, dass sie entdeckt worden war, und sicher erscheinen würde, um zum Todesstoß anzusetzen.

"Kam, wann kann ich dieses 'Gebet' einmal ausprobieren?"

"Jetzt sofort."

"Hier?"

"Ja glaubst du etwa, du bräuchtest für das Gebet ein besonderes Gefolge und entsprechende Umstände? In dem Fall habe ich gute Nachrichten für dich: Einen besseren Ort als diese Höhle wirst du für das 'Gebet der Jäger' nicht finden! Wir haben noch einiges zu tun, während wir hier sind. Also fang am besten gleich an!"

"Womit soll ich anfangen? Wahrscheinlich mit der *Karamora*?"

"Ich würde dir raten, mit dem engsten Kreis anzufangen. Von allem, was gereinigt werden muss, ist er das Wichtigste."

"Was verstehst du unter dem engsten Kreis?"

"Deine Dreieinigkeit – Eltern, Partner, Kinder."

"Wieso soll ich gerade mit ihnen beginnen?"

"Weil euch eine riesige Menge an Knoten verbindet. Wenn die *Karamora* nicht an dich herankommt, wird sie ihre Wut gegen jemanden von ihnen richten. Sie wird sie über die dunklen Knoten, die mit viel dunkler Energie gefüllt sind, erreichen. Reinige sie, dann wirst du mit ihr allein sein können."

"Ich könnte noch einen Rat gebrauchen. Sag, wie kann ich das *'Gebet'* am besten aufbauen?"

"Du willst einen Rat, hier ist er: Schreib ihnen Briefe."

"Briefe?"

"Ja. Es wird dir schwerfallen, all deine Gefühle im Kopf zu formulieren. Ein Brief ist genau das Richtige! Ein Brief ist die *Brücke* zwischen dem Bewusstsein und dem Unterbewusstsein."

"Und was soll ich danach mit ihnen machen?"

"Was du willst! Sie erreichen den Adressaten in dem Moment, in dem du sie schreibst. Das Papier dient nur der Gestaltung, deshalb kannst du damit machen, was immer du möchtest. Ich verbrenne es."

"Soll ich jedem Einzelnen einen Brief schreiben?"

"Am besten wäre es. Wir haben genügend Zeit", ich schaute zur Höhlenöffnung, wo immer noch mit Schnee vermischter Regen fiel, "du darfst dich auf keinen Fall zurückhalten. Schreib ihnen absolut alles, was du eigentlich sagen wolltest, das aber dennoch unausgesprochen geblieben ist. Vergiss nicht, du und ich sind in eine äußerst schwierige Situation geraten. Es ist durchaus möglich, dass du keine Gelegenheit mehr haben wirst, deinen Geliebten das zu sagen, was du ihnen jetzt sagen kannst. Diese Höhle im Altai-Gebirge ist ein Knotenpunkt in unseren Leben. Denk daran, dass du jetzt dein ganzes *Schicksal* ändern kannst."

In Tabos Kokon leuchtete eine Taschenlampe auf. Ich schloss die Augen. Ich musste ein wenig schlafen. So lange, bis Tabo mit seinen Briefen fertig sein würde. Ich wusste, dass sie ihn auslaugen, ihm all seine *Kraft* rauben würden, die er aus Gewohnheit nur im Schlaf wiederherstellen konnte. Das war der Moment, für den ich bereit sein musste. Denn obwohl ich mich in der Höhle sicher fühlte, weil ich nach wie vor die Anwesenheit meiner unsichtbaren *Beschützer* spürte, war der *Karamora* alles zuzutrauen. Heute Nacht musste ich also selbst ein Beschützer sein, der die Schwelle des *Schlafs* und die Grenzen der *Lichtschatten* patrouillierte. Im Halbschlaf konnte ich den Regen auf den steinernen Höhleneingang prasseln, den Wind toben und den Kugelschreiber über das Papier gleiten hören.

"Kam, steh auf!", ich öffnete die Augen und versuchte zu verstehen, wo ich war. Gerade war ich noch in meiner Kindheit gewesen. Ich hatte vom sonnigen Flussufer geträumt und wir – eine Bande von Jungs, die den Sommer mit Gartenarbeit verbrachten – liefen dem Dampfer hinterher, der die Kleingärtner zur Anlegestelle brachte. Der Übergang aus dem sonnigen Sommer in die dunkle Höhle war grausam. Ich streckte mich und dehnte meinen Nacken. Tabo saß mir gegenüber. Ich hatte ihn gebeten, mich zu wecken, sobald er mit den Briefen fertig sein würde. Im schwachen Licht der Taschenlampe konnte ich sehen, wie die Augen meines Gefährten feucht glänzten. Das bedeutete, dass er die Briefe richtig geschrieben hatte.

"Fertig?"

Tabo nickte. Ich öffnete den Schlafsack-Kokon und spürte sogleich, wie die nächtliche Kälte eindrang.

"Leg dich schlafen. Du musst dich ausruhen."

Träge schüttelte Tabo den Kopf.

"Ich will nicht schlafen."

Er sah aus wie eine Wattepuppe, die von einem Haushund in die Mangel genommen worden war. Wie ich es bereits vermutet hatte, schien all seine *Lebenskraft* verschwunden zu sein. Doch sie würde zurückkommen, wenn er seine Knoten gelöst hätte, vielleicht würde sie sogar viel größer sein als zuvor, aber das würde einige Zeit dauern.

"Tabo, mein Freund, du musst wirklich schlafen. Glaub mir."

Er schaute mich mit vor Müdigkeit und von Tränen geschwollenen Augen an. Zwei verschiedene Gefühle waren in ihnen zu lesen: Angst und Zufriedenheit. So mussten sich Menschen fühlen, deren letzter Tag vor ihrer Todesstrafe anbricht: Zahlreiche Knoten sind gelöst und vor ihnen liegt die absolute Ungewissheit.

"Geh schlafen, du hast alles richtig gemacht."

"Kam, ich spüre sie. Nicht wie vorher, jetzt ist es deutlicher. Sie befindet sich irgendwo ganz nah."

"Ich weiß. Heute kann sie dir aber nichts tun. Und morgen ... werden wir schon zu weit weg sein."

"Ich spüre, wie sie nach mir greift. Von irgendwo im Innern. Mein Herz bleibt stehen und in meinem Hals sitzt ein kaltes Gefühl ... so als hätte ich ein Mentholbonbon gelutscht."

"Du hast sehr viel Energie verloren. Du musst wieder zu Kräften kommen. Deshalb musst du schlafen. Morgen steht uns etwas sehr Wichtiges bevor. Wir werden all unsere *Kraft* brauchen."

"Versteh doch, ich hab schon keine Angst mehr vor ihr. Ich will nur nicht, dass sie mir im Schlaf das Herz anhält. Ich will sie treffen und ihr in die Augen schauen."

"Du wirst sie treffen. Das verspreche ich. Von Angesicht zu Angesicht."

Tabo legte keinen Widerspruch mehr ein. Offensichtlich war er sogar dafür zu erschöpft. Er legte sich in seinem Kokon hin und schloss die Augen. Ich hörte, wie seine Atmung augenblicklich langsamer wurde. Ich verließ meinen Kokon und lockerte meine Muskeln. Ich musste mich vorbereiten. Da sich meine Augen schon an die Dunkelheit gewöhnt hatten, konnte ich problemlos alles finden, was ich brauchte: die Wasserflasche, das Messer, den Beutel mit *Taktasch*, die Pfeife und das Feuerzeug. Ich beugte mich über die Feuerstelle, schüttete etwas Wasser hinein, das ich mit Asche vermischte. Dann tauchte ich meinen Finger in diesen Brei und trug die Mischung auf mein Gesicht auf. Ein paar Minuten später war es mit einem besonderen Muster überzogen. Das gehörte zur *Jäger*-Kunst, die "Kotschojda" genannt wird. Wenn man die Welt der Geister betrat, war es besser, sein übliches menschliches Aussehen zu verbergen. Die Bemalungen aus Asche machten in der anderen Welt aus mir selbst einen Geist. Ich zog den Schlafsack zur Mitte der Höhle und platzierte mich so, dass ich mich zwischen dem Eingang und dem schlafenden Tabo befand. Ein schwaches, zischendes Geräusch war zu hören – das war das Feuerzeug, das ein kleines Flammenzünglein freigab, dennoch groß genug, um ein Häufchen der getrockneten und zermahlenen Kräuter im Mundstück der Pfeife zu entzünden. Ich nahm meinen ersten Zug. Heute würde ich nicht *tief* gehen. Heute war ich ein Grenzwächter. Vorsichtig atmete ich den silbrigen Rauch aus, blies ihn so weit wie möglich von mir weg. Ein frischer Luftstoß trug ihn davon und aus der Höhle hinaus. Noch ein Zug in den Mund. Das war's. Das war genug, um gleichzeitig in dieser Welt und in den *Lichtschatten* sein zu können. Ich kippte ein winziges Häufchen Asche aus der Pfeife und legte sie dann beiseite. Dann wartete ich und hielt den Atem an, bis der Wind die Dämpfe des "Schamanen-Krauts" aus der Höhle geblasen hatte. Glühwürmchen leuchteten in der Dunkelheit auf. Der unsichtbare *Schlüssel* drehte sich im Schloss der unsichtbaren *Tür*, die sich ein wenig öffnete. Sogleich spürte ich hinter mir die sanfte Berührung von weichem Fell. Das war Artschi. Mein treuer Hund aus der *Traumwelt*. Gut, alles war vorbereitet. Der Grenzwächter und sein treuer Hund befanden sich regungslos an der Grenze zwischen Licht und Schatten und hielten Wache. Ich legte die Hand auf mein Messer und blickte nach vorn.

EXOTEN

EIN TREFFEN IN DER DUNKELHEIT

(Altai, 2015)

"Vergiss nicht, dass die wichtigsten
Begegnungen eines Menschen
die Begegnungen mit Kindern sind.
Schenk ihnen mehr Aufmerksamkeit –
wir können nie wissen, wem wir in
einem Kind begegnen."[19]

Janusz Korczak

Die Bilder in meinem Inneren veränderten sich mit unglaublicher Geschwindigkeit. Jedes einzelne war mit tiefem Sinn und Inhalt erfüllt. Es war, als würde ich gleichzeitig mehrere Bildschirme anschauen und dabei nicht nur alles Gesehene verstehen, sondern

---

19 Zitat frei übersetzt, Anm. d. Übers.

sogar die Schnittpunkte bemerken, die die verschiedenen Kanäle miteinander verbanden.

Das Dreieck an der Wand. Was wollte Polina mir zeigen, als sie mich in diese Höhle geführt hatte? Als sie mich zum Ufer des *Sees der Berggeister* gebracht hatte?

Die *dunkle Welle*, die als massive, unbarmherzige Wand vom Horizont herkam.

Der sommerliche Traum von einer glücklichen Kindheit, die von der Wärme der heißen Sonne erfüllt war. Die Kindheit, die für immer in den allerhellsten Bereichen meines Gedächtnisses wohnen würde.

Der kleine schwarze Junge aus dem entfernten Afrika. Stand da und schaute mich an, als würde er versuchen zu verstehen, was da passierte. "Wer bist du, Kleiner?"

Ein langer Korridor, der mit helllila Lampen beleuchtet war und an dessen Ende eine schwarze Figur zu sehen war. Die *Karamora!* Die Dämonin, die aus Mondlicht gesponnen war. Sie kam auf mich zu. Ich spürte, dass jemand hinter mir stand. Ich drehte mich um und sah einen kleinen Jungen. Wer war das denn jetzt? Entsetzt schaute der Junge nach vorne und versteckte sich instinktiv hinter mir. Und da verstand ich plötzlich. Die *Karamora* bewegte sich auf ihn zu, ich stand einfach nur zwischen ihnen! Der Junge weinte, presste sich an mein Bein. Da begriff ich ... Das musste Tabo sein! Ich wandte mich der Dämonin zu und zog mein Messer hervor. Die Muster aus Asche auf meinem Gesicht begannen von innen heraus mit einem leicht silbrigen Licht, das meine Haut verbrannte, zu leuchten.

"Bleib stehen, *Karamora!*"

Die Figur erstarrte ein paar Meter von mir entfernt. Die *Mongela* - "Mondstern". Sie rührte sich nicht, doch in dem schwarzen Loch, das sich dort befand, wo eigentlich das Gesicht sein sollte, erschien allmählich das schöne Antlitz der Fremden. Oh, ich weiß nur zu gut, wie wunderschön ihr sein könnt, Dämoninnen der Mondwelt! Ich habe schon einmal eine von euch gesehen.

"Ich werde dich nicht durchlassen! Ich werde ihn beschützen!"

Die Frau lachte. Ihr Lachen drang in die entferntesten Teile des Bewusstseins ein und brachte sie zum Schmelzen. Es war unmöglich, ihr zu widerstehen.

"Dein Messer kann mir nichts anhaben, Ratar."

Das wusste ich. Ich ließ es zu Boden fallen. Sie stand da und musterte mich, als versuchte sie, die Asche-Bemalungen zu durchdringen und mein wahres Gesicht zu sehen. Für einen Augenblick verschwand der Korridor, ich spürte, wie ich mich in der Höhle befand, stehend, und direkt vor mir schwebte eine schemenhafte, düstere Silhouette. Dann waren wir wieder im Korridor in der anderen Welt. Ich schaute der Hexe nicht in die Augen. Darin war der Abgrund!

Artschi! Bork! Wo seid ihr nur?

Die *Mongela* lachte erneut.

"Hier ist jeder allein, um seine *Wahl* zu treffen ..."

Ich drehte mich um. Der kleine Tabo stand noch immer da, schluchzend und mit geschlossenen Augen. Das bedeutete, dass es nicht in Afrika war, als sich die *Karamora* zusammen mit Agwangs Fluch an ihn geheftet hatte! Sie musste aus seiner Kindheit stammen!

Der Korridor bebte, die Wände wackelten. Das Gesicht der *Mongela* verschwand wieder in der dunklen Öffnung ihres Umhangs. Eine dunkle Wand aus undurchdringlicher Energie bewegte sich vom anderen Ende des Korridors direkt auf uns zu. Die *Welle!* Die *Mongela* machte einen Satz nach vorne, wobei sie mich zur Seite warf. Jetzt stand sie direkt vor Tabo. Die *Welle* näherte sich mit einem grässlichen Getöse, verbog die Wände des Korridors, als wären sie aus weichem Plastik. Der Junge fing an zu weinen, aber als ich wieder auf den Beinen war, sah ich, dass er nicht mehr alleine war! Links und rechts von ihm standen noch zwei kleine Kinder. Eins davon war vollkommen schwarz. Das war Bamidel, der Junge aus Nigeria. Verstört schaute der kleine Tabo erst die Jungen, dann mich, dann die Hexe an ... Die *Welle* rückte näher und näher ... Mein Kopf fing an zu wackeln, als würde ich auf einer vibrierenden Scheibe stehen. Doch selbst durch das Gewackele konnte ich sehen, wie die beiden Jungen Tabo die Hand entgegenstreckten, woraufhin dieser ihnen skeptisch und vorsichtig seine Hände reichte. Das Kreischen der *Karamora* war ohrenbetäubend! Das Dröhnen und Beben der näherkommenden *Welle*. Drei Jungen, alle ungefähr im gleichen Alter, liefen direkt auf die *Welle* zu, gingen an mir und an der schwarzen Dämonin vorbei, während sie sich fest an den Händen hielten. Ich konnte gerade noch sehen, wie das Trio im dunklen Schleier des rauchigen Nebels verschwand. Die *Welle* war nur noch einen Schritt von mir entfernt ...

... Ich war wieder in der Höhle. Ich taumelte und versuchte, das Gleichgewicht zu behalten ...

... Zurück im Korridor, ein Gefühl von stechender Elektrizität. Die *Welle* ging durch mich hindurch und bewegte sich weiter. Da sprang die *Mongela* aus der Dunkelheit hervor. Sie zitterte, als wäre sie durch eine Feuerwand gegangen. Die *Welle* zog weiter, nahm das Beben und Vibrieren mit. Die Hexe stand taumelnd da und schaute den drei kleinen Silhouetten hinterher, die den Korridor entlangliefen und sich entfernten. Ich konnte sehen, dass sie nicht die Kraft hatte, den Kindern zu folgen. Die *Welle* hat ihre dunkle Energie ausgetrunken, was sie für eine Weile vollkommen hilflos machte. Dann lenkte die *Mongela* ihren Blick auf mich. Ich schrie auf vor Entsetzen. Ein sehr vertrautes Gefühl ergriff mich. Aus der Kindheit. Unbändige Angst, ausgelöst von dem Gefühl, dass das Böse in der dunklen Zimmerecke saß. Die *Mongela* lächelte teuflisch. Ich spürte, wie mein Herz stehen blieb. So fraß sie also die Männer! Krampfhaft versuchte ich mich zu bewegen, um vor diesem unheimlichen Wesen aus dem Jenseits wegzulaufen, aber ich konnte nicht. Meine Beine verweigerten mir verräterisch ihren Dienst. Ich sank auf den Boden des Korridors und presste meine Wange dagegen. Die Kälte brachte mich wieder zur Besinnung. Ich begriff, dass ich nach wie vor auf der Steinplatte in der Höhle lag. Ich versuchte aufzustehen, aber es gelang mir nicht, wieder und wieder fiel ich zur Seite. Genau so musste ein Herzinfarkt aussehen. Ich kniff die Augen zusammen und konnte den schlafenden Tabo, der einen Schritt von mir entfernt war, in seinem Kokon sehen. Er bewegte sich nicht. Durch ein Stöhnen versuchte ich, ihn auf mich aufmerksam zu machen, aber vergeblich. Seinen blassen Wangen nach zu urteilen, befand sich auch Tabo gerade überhaupt nicht in seinem Körper.

Wieder wurde ich in den Korridor geschleudert. Die *Karamora* zischte wie eine gigantische Kobra, während sie sich auf mich zubewegte. Da begriff ich, dass sie schon in ein paar Sekunden ganz nah sein würde.

In ein paar Sekunden ...

Nur zwei Worte tauchten in meinem schwindenden Bewusstsein auf – 'HÖCHSTER ... GEIST ...'. Ich klammerte mich an sie, wie sich ein Ertrinkender an alles klammert, das er greifen kann. Das Gebet ... das Gebet ... Nein, ich konnte mich nicht erinnern ...

Jetzt war die *Karamora* schon ganz nah. Ich sah ihre teuflischen Augen, die die Seele und den Geist austrockneten. Mein Herz blieb stehen ...

MAMA!!!!

War ich das, der da schrie?

MAMI!!!!

Ich ...

PAPA!!!

Ich wusste, dass ich schrie, hörte aber meine Stimme nicht.

PA-PA ...

Alles ringsum war von Dunkelheit durchflutet. War ich gestorben? Dunkelheit ...

LICHT! Es schmerzte in meinen Augen, also schloss ich sie und bedeckte sie instinktiv mit der Hand.

Ich war am Leben!

Jemandes starke Arme griffen nach mir und drückten mich an sich.

PAPA ...

Ich öffnete die Augen und schaute mich um.

Durch die halbgeöffnete Tür drang Licht in das dunkle Zimmer meiner Kindheit. Meine Mutter stand an der Schwelle und sah mich an.

"Was ist passiert, mein Sohn? Hattest du einen Albtraum?"

Ich schlüpfte aus den Armen meines Vaters und sprang in ihre, so fest ich konnte drückte ich mich an sie. Schnell raus aus diesem unheimlichen Zimmer. Ich drehte mich noch einmal um und schaute in die dunkelste Ecke. Dort war jemand. Jemand, der es nie riskieren würde, den Schatten zu verlassen, solange Papa und Mama hier waren.

Ich öffnete die Augen. Ich brauchte ein paar Minuten, um zu verstehen, dass ich auf dem Boden lag, in derselben Höhle, in der wir unser Notlager aufgeschlagen hatten. Unter qualvoller Anstrengung schaffte ich es, mich auf meine zitternden Arme aufzustützen. Draußen schien die helle Morgensonne. Tabo schlief noch immer in seinem Schlafsack. Ich schüttelte meinen Kopf, versuchte so, Klarheit in meine Gedanken zu bringen. Endlich schaffte ich es aufzustehen. Ich ging zum Höhlenausgang und füllte meine Brust mit der sauberen Morgenluft der Berge. Die Nacht der Monddämonen war endlich vorbei ...

Ich stand gerade vor der Höhlenwand, auf der die drei Punkte gemalt waren, als ich hörte, wie sich Tabo in seinem Schlafsack bewegte.

"Guten Morgen!"

"Morgen", murmelte mein Gefährte, während er geblendet vom in die Höhle eindringenden Licht die Augen zusammenkniff. "Oh, wir haben wieder gutes Wetter, wie ich sehe! Heißt das, dass wir weitergehen können?"

Ich lächelte.

"Ja, Tabo! Jetzt können wir weitergehen."

Er stieg aus seinem Schlafsack und lockerte die müden Muskeln auf.

"Das war mal eine Nacht."

Ich stimmte zu.

"Ja, eine unruhige."

"Ich habe so ein komisches Zeug geträumt."

"Erzählst du es mir?"

"Ich kann mich nicht richtig erinnern. Ich weiß, dass es wieder sehr unheimlich war. Dieselben zähen Erscheinungen. Nur die *Karamora* war nicht da, glaube ich. Hat sie sich vielleicht von mir gelöst? Was meinst du? Ja, und von Bamidel hab ich geträumt. Dieses Mal hatte ich aber keine Angst vor ihm. Und mein Sohn Iljucha war auch im Traum. Ich war bei ihnen. Ich führte sie an den Händen, so als wären sie beide meine Söhne, kannst du dir das vorstellen?" ...

Erinnerungen

DANILYTSCH DAME

("Bely Jar", August 2014)

"Die Welt ist ein Schachbrett, dessen
Spielfelder aus Tagen und Nächten bestehen.
Das Schicksal spielt darauf mit Menschen
wie mit Spielfiguren."[20]

Arturo Pérez-Reverte,
"Das Geheimnis der Schwarzen Dame"

Der Abend ist die Zeit, in der eine sanfte Glückseligkeit auf die Erde herabsinkt. Das Gras wird schwerer. Die Luft ist vom Duft der Blumen, dem Rauch der Banjaöfen und dem Geruch des Flusses erfüllt. Danilytsch und ich saßen auf der Veranda. Vor

---

20 Zitat frei übersetzt, Anm. d. Übers.

uns stand ein kleines Flechttischchen, auf dem ein Schachbrett lag. Die Sonnenstrahlen, die durch das bunte Fensterglas fielen, zauberten ein faszinierendes Kunstwerk aus bunten Häschen an die Wand. Der *Jäger* beugte sich zum Brett und machte einen Zug. Trotz seines Alters spielte er wirklich meisterhaft. Und zwar nicht deshalb, weil er wusste, wie man spielt. Er erklärte es damit, dass er das Spiel in der *Tiefe* SEHE. So funktionierte der "klare Blick".

"Du spielst mit mir über deinen Verstand, ich spiele mit dir über die Leere", lachte er nach meiner wiederholten Niederlage. "Der Verstand ist in seiner Entscheidungsfindung begrenzt. Er ist berechenbar und man kann ihn leicht überlisten und in die Enge treiben. Wie aber soll man die Leere in die Enge treiben?"

Und auch dieses Mal konnte ich spüren, dass mein Verstand wieder anfing, mich im Stich zu lassen. Der Alte nippte an seinem Glas mit Kwas und versuchte, mich nicht anzuschauen. Ein paar Züge später kam die Partie schließlich zu ihrem logischen Ende – meine Dame fiel dem Abtausch zum Opfer, woraufhin der König in einen heimtückischen Hinterhalt geriet und stolz seine Krone niederlegte. Danilytsch kicherte:

"Der legendäre Schachspieler Bobby Fischer sagte immer, dass das größte Vergnügen im Spiel der Moment sei, in dem das EGO des Gegners zerbricht."

Ich schluckte diese bittere Pille und wusste dabei ganz genau, dass der Alte mir durch dieses Spiel einen weiteren Aspekt der *Jagd* beibringen wollte. Und tatsächlich, er drehte meine geschlagene Dame in seinen Händen und sagte mit zusammengekniffenen Augen:

"Andrej, jedes Mal, wenn du bei mir übernachtest, spielen wir dieses Spiel. Was weißt du eigentlich darüber?"

Ich zuckte ratlos mit den Schultern. Ich wusste, dass der *Jäger* so eine Frage niemals grundlos stellen würde. Das bedeutete, dass er irgendeine tiefgründige Antwort erwartete. Was konnte ich ihm also sagen, wenn ich sogar auf einer oberflächlichen Ebene kaum etwas über Schach wusste, außer vielleicht die Spielregeln. Danilytsch stellte die Figuren wieder auf ihre Ausgangspositionen, jedoch nicht, um eine neue Partie zu beginnen. Er ließ seine Hand über das Spielfeld gleiten.

"Dieses Spiel ist den Leuten genau wie alles andere, womit der Verstand der *Mangen* in Berührung kommt, nur oberflächlich bekannt. Vergleichbar mit der Spitze des Eisberges. In Wahrheit aber birgt dieses Spiel zahlreiche Geheimnisse in sich."

Wieder nippte er genüsslich an seinem Kwas und beugte sich über das Schachbrett.

"Man könnte ewig darüber sprechen, deshalb lüfte ich dieses Geheimnis einfach für dich. Ich werde dir etwas ...", er nahm die Dame-Figur vom Brett und stellte sie vor mich, "über diese Spielfigur verraten. Was weißt du über sie?"

Ich nahm die Figur in die Hand und drehte sie vorsichtshalber aufmerksam hin und her, vielleicht würde ich ja irgendeinen Hinweis finden.

"Das ist die Königin."

Danilytsch nickte.

"Was ist ihre Besonderheit?"

"Sie ist die mächtigste Figur im Schach. Sie hat die größte Bewegungsfreiheit und kann sich in alle Richtungen bewegen. Alle anderen Figuren haben eine klar definierte Laufrichtung."

"Ganz genau. Was ist mit dieser Figur?", der *Jäger* zeigte auf den König.

"Das ist der König. Die schwächste Spielfigur. Obwohl sie eigentlich als die Hauptfigur gilt, ist sie in ihrer Bewegungsfreiheit eingeschränkt und kann nur jeweils ein Feld in jede Richtung gehen."

"Hat dich diese Tatsache noch nie ins Grübeln gebracht?", lächelte der Alte. "Die wichtigste Figur ist in Wahrheit die schwächste von allen."

"Hm, nun ja, vielleicht hängt das irgendwie mit der Geschichte zusammen? Vielleicht stammt dies aus der Zeit, als die Könige verwöhnt und lebensunfähig waren. Die ganze höfische Gesellschaft musste ihn beschützen und umsorgen?"

"Wenn es wirklich mit der realen höfischen Hierarchie zu tun hätte, hätten es die echten Könige wohl kaum zugelassen, dass sie im Spiel so eine erniedrigende Rolle innehaben."

"Stimmt auch wieder."

"Ist es dir nie in den Sinn gekommen, dass es vielleicht eine beabsichtigte Falle sein könnte? Dass es Teil des großen Krieges zwischen *Frauen* und *Männern* ist? Schau mal: Wir haben festgestellt, dass der König eigentlich nur eine Täuschung ist. Der eigentliche Machthaber auf dem Brett ist die Königin! Der König – ein Mann – ist eingeschränkt und machtlos, die Königin – eine Frau – ist mächtig und allgegenwärtig."

"Das stimmt schon. Aber dann frage ich mich nur ..."

"Was?"

"Warum spielen Frauen dann so selten Schach?"

"Ausgezeichnet!", Danilytsch lehnte sich zufrieden in seinem Stuhl zurück. "Du fängst an, deine Bewusstheit zu aktivieren. Wenn du noch tiefer gehen würdest, würdest du bemerken, dass alles in Wahrheit nur eine Illusion ist – beim Schach gibt es überhaupt keine Königin!"

Verwirrt starrte ich die Figur vor mir an. Der *Jäger* nahm sie in die Hand und drehte sie vor meinen Augen.

"In der Welt der *Mangen* ist wieder einmal alles durcheinander. Was du heute als Königin oder Dame bezeichnest, hieß ursprünglich im Schach eigentlich *Fers*.[21] Welches ist also der richtige Begriff?"

"Der *Fers*. Der Begriff der Dame oder Königin hat sich vielleicht als vereinfachte Form in Analogie zum König eingebürgert."

---

21 Im Russischen ist die offizielle Bezeichnung dieser Figur auch heute noch Fers (vgl. russ. ferz'), Anm. d. Übers.

"Genau das ist die Falle, in die alle tappen", zwinkerte Danilytsch, "es handelt sich dabei um eine weitere sexuelle Projektion des *Mangen*-Verstandes – wenn es einen König gibt, so sagt die sexuell orientierte Logik des *Mangen*, braucht dieser auch eine Königin. In Wahrheit ist der *Fers* aber ein ER, ein Mann. Das aus dem Persischen stammende Wort *Fers* bedeutet *Wesir*. Im Slawischen würde man wohl von einem *Recken* sprechen."

Während ich verblüfft die mir vertraute Figur in einem neuen Licht betrachtete, nahm der Alte die Königsfigur vom Brett und stellte sie neben den *Fers*.

"Das Schachspiel ist ein verschlüsseltes Mysterium, bei dem es um die Verwandlung von Männern in *Zauberer* geht. Genau deshalb spielen auch hauptsächlich Männer Schach. Der König wird nach außen als der Herrscher präsentiert, dabei kann er nicht weiter als ein Feld laufen. Er ist sehr langsam. Erinnert dich das nicht an etwas?"

Ich begann zu verstehen.

"Er ist unsere Beta-Teilpersönlichkeit. Der soziale Körper."

"Richtig. Der *Fers* ist das Alter Ego des Königs."

"Unsere Alpha-Teilpersönlichkeit?"

"Ja. Er hat weitaus mehr Bewegungsfreiheit. Außerdem kann er sich auch in den *Lichtschatten* bewegen. Der König ist von Anfang an unveränderlich, der *Fers* ist ein Symbol für Transformation. Auch wenn er vom Brett verschwindet, kann er bis zu neunmal wieder zurückkommen! Denn er befindet sich in jedem Bauern. Er ist das Symbol, das der Bauer erreichen will in seinem Bestreben, das gesamte Brett aus schwarz-weißen Feldern zu überqueren. Als Symbol des sozialen Körpers ist der König das ganze Spiel über fixiert. Unterdessen kann ein Bauer, wenn er Glück hat und das gegnerische Ende des Bretts erreicht, seine Macht um das Acht- bis Neunfache erhöhen! Es ist ein Mysterium, das zeigt, wie ein gewöhnlicher Mensch dazu fähig ist, zu einem *Zauberer* zu werden, wenn er das gesamte Spielfeld überquert."

Wieder lehnte sich der Alte auf seinem Stuhl zurück und musterte mich. Immer wenn er das tat, wusste ich genau, dass er zu verstehen versuchte, ob ich noch weiter gehen könnte, ob ich über die eben erhaltene Information hinausgehen könnte. Das bedeutete, dass ich noch einen weiteren Schritt in die *Tiefe* machen musste. Ich schaute mir die *Fers*-Figur aufmerksam an. Irgendetwas kreiste am Rande meines Bewusstseins umher. Irgendeine Erkenntnis, die ich nicht greifen konnte. Endlich dämmerte es mir:

"Nichts ist einfach nur zufällig, Danilytsch! Da wir den *Fers* Königin nennen, heißt das, dass auch darin ein tieferer Sinn verborgen liegt. Kurz musste ich an das Symbol des *Injara* denken."

Ich malte einen Strich mit zwei Punkten obendrauf auf den Tisch. Danilytsch war zufrieden.

"Gut gemacht, *Jäger*! Die Vereinigung des *Weiblichen* und *Männlichen* – in dieser Transformation liegt die wahre Macht. Irgendwann wirst du noch tiefer in dieses Wissen eintauchen können. Nimm dir in der Zwischenzeit diesen *Fers* als Andenken mit. Möge er dein *Ongon* sein."

Als *Ongon* bezeichnen sibirische Schamanen Gegenstände, die eine besondere *Kraft* besitzen. Ich streckte meine Hand zum Brett und war unschlüssig, welche Figur ich wählen sollte, die weiße oder die schwarze.

Danilytsch lachte:

"Nimm beide. Ich bin mir sicher, dass sie sich in deinem *Spiel* noch als nützlich erweisen werden ..."

– DSHAL –

EXOTEN

DER SEE DER BERGGEISTER

(Altai, 2015)

"Kinder sind das Beste, das wir haben.
Sie sind das Wichtigste im Leben."[22]

Elia Barceló

Als die Sonne bereits im Zenit stand, erreichten wir den *See der Berggeister*. Tabos Augen weiteten sich vor Staunen, als er das steinerne Felsbecken und den kristallklaren See erblickte, dessen Ufer mit mächtigen Zedern geschmückt war.

"Wow! Was für ein Anblick! Ein traumhafter Ort! Ist das eines unserer Ziele?"

---

22 Zitat frei übersetzt, Anm. d. Übers.

Ich warf den Rucksack aufs Gras und ließ mich langsam neben ihm auf den Boden sinken.

"Das ist unsere letzte Station."

"Warum die letzte? Sind wir schon angekommen?"

"Ja, das sind wir."

Tabo befreite sich ebenfalls von seinem Rucksack und setzte sich neben mich.

"Heißt das, dass wir das Ziel unserer *Reise* erreicht haben?"

Lächelnd sah ich ihn an.

"Solche *Reisen* enden niemals, mein Freund!"

"Willst du damit sagen, Kam, dass wir auf unserer *Expedition* erreicht haben, was wir erreichen wollten?"

"Ja, Witalij."

"Ich ..."

"Du kannst jetzt alles sagen", lachte ich, "wir sind am Bifurkationspunkt angelangt."

Tabo schaute mich fragend an. Ich klärte auf.

"Dieser Begriff stammt aus der Selbstorganisationstheorie. Der Bifurkationspunkt ist ein kritischer Moment in der Systementwicklung, es ist der Punkt, an dem unklar ist, ob das System ein chaotisches wird oder ob es eine neue, höhere Ebene der Ordnung erreicht."

"Ah, in diesem Sinne", sagte Witalij verwirrt und sah mich weiterhin fragend an.

"Wir haben einen Punkt erreicht, an dem unsere Teilpersönlichkeiten zu einer Einheit geworden sind", erklärte ich ihm. "Jetzt können wir in die dritte Teilpersönlichkeit eintreten, die Teilpersönlichkeit des *Leuchtenden*. Schau mal, bei dieser *Expedition* trugst du die Namen TABO und WITALIJ. Übersetzt: TABO - die Freude, Witalij - vom Wort 'Vita' - Leben. Gemeinsam ergeben sie 'LEBENSFREUDE', das, wonach du so lange gesucht hast. B und A haben sich vereint. Jetzt beginnt unser Schicksal einen ganz anderen Lauf zu nehmen."

Witalij nahm einen vertrockneten Grashalm vom Boden und biss nachdenklich darauf herum.

"Glaubst du also, dass ich die *Karamora* losgeworden bin?"

"Ich bin mir ziemlich sicher. Das heißt nicht, dass sie nicht zurückkommen kann. Aber etwas in dir hat sich verändert. Etwas, dass es dir ermöglicht, auf ganz andere Weise mit dieser Angst umzugehen."

"Und was?"

"Du hast so viel mehr bekommen, als du erwartet hast, glaub mir. Es ist dir nur noch nicht ganz bewusst."

"Kam, sprich nicht in Rätseln. Seit ein paar Tagen herrscht bei mir ohnehin schon Stille im Kopf und jetzt, hier an diesem Ort, verstehe ich ehrlich gesagt überhaupt nichts mehr."

Ich rollte mich auf den Bauch und fuhr mit den Händen über das smaragdgrüne Ufergras.

"Die *Karamora* war nicht das Ziel deiner *Expedition*. Sie hat uns nur angetrieben und uns den Weg gezeigt. Sie hat Druck auf dich ausgeübt und dich durch das System der *fünf Ringe* gezerrt. Vielleicht hättest du selbst niemals den Mut aufgebracht, es zu durchlaufen. Das war eine würdige Partnerin."

"Wie meinst du das?"

"Sie war in diesem Spiel ein würdiger Gegner."

"Ach, wir haben also gespielt?", meine Worte überraschten Witalij offensichtlich.

Ich holte die Figur des schwarzen *Fers* aus meinem Rucksack und streckte sie ihm hin.

"Hier. Das ist für dich. Dein Preis. Ein Symbol der Transformation."

Tabo nahm die Figur und drehte sie verwirrt in seiner Hand.

"Die schwarze Königin?"

Ich lachte.

"So kann man es auch sagen. Soll sie dich ruhig an die schwarze Königin erinnern, die es dir ermöglicht hat, den ganzen Weg zu gehen und von einem Bauern zu einem *Fers* zu werden."

Witalij umschlang mit den Armen seinen Kopf und stellte die Schachfigur zwischen seinen Füßen ab.

"Irgendwie, Kam, verstehe ich überhaupt nichts."

"Denk nicht, dass das irgendein gewöhnlicher Krimskrams ist! Krimskrams gibt es in der Welt der *Jäger* nicht. Das hier ist ein *Ongon*. Er wird eine Art *Begleiter* für dich sein, der dir Schicht um Schicht die Essenz dieser *Expedition* enthüllen wird."

Eine Weile saßen wir einfach da und beobachteten schweigend die faszinierende Landschaft. Dann schubste ich Tabo mit der Schulter an.

"Heute Nacht, als die *dunkle Welle* durchgerollt ist, wäre ich fast gestorben, dort auf dem Boden der Höhle. Und auch du wärst fast gestorben. Doch dann sind wir neu geboren worden. Aber wie ich schon gesagt habe, in den Bergen hat die *Welle* eine ganz andere Wirkung auf die Leute. Dank der *Welle* habe ich vieles verstanden. Und auch dir hat sie ein Geschenk gemacht. Weißt du noch, dass du mir von deinem Traum erzählt hast? In dem dein Sohn und Bamidel vorkamen. Sie waren es, die dich vor der *Karamora* gerettet haben. Sie sind die wahren Schätze deines Lebens. Deine *Verwandten*. Diejenigen, denen du in der Dunkelheit der Höhle unter Tränen Briefe geschrieben hast. Diejenigen, die die Hexe nicht gefürchtet und dich von ihr weggebracht haben. Das war kein Traum, Tabo! In der vergangenen Nacht sind wir wieder in den *Lichtschatten* gewesen. Erinnerst du dich daran, dass die *dunkle Welle* dir in deinen Albträumen Angst gemacht hat?"

Witalij nickte.

"Die *Welle* hat nicht dich erschreckt, sie hat die *Karamora* erschreckt. Es war ihre Angst, die du für deine eigene gehalten hast. Aber heute Nacht haben dich die Jungen, die als deine AKANE fungiert haben, an der Hand genommen und durch die *Welle* hindurchgeführt. Zum ersten Mal hast du dich nicht gefürchtet! Weil sie bei dir waren. Die *Karamora* wurde von der *Welle* fortgeschleudert. Sie konnte dich nicht mehr einholen und sich an deiner Kraft festsaugen. Das ist die *Loslösung*. Du assoziierst dich nicht mehr mit ihr. Sie hat nicht mehr dieselbe Macht über dich wie früher. Das ist aber nicht einmal das Wichtigste. Dein wichtigster Gewinn sind deine AKANE. Du hast sie wiedergefunden – du bist zu deinem Sohn zurückgekehrt und du bist zu dem Jungen zurückgekehrt, den du gerettet hast und vor dem du dich aufgrund dummer Gerüchte und Aberglauben gefürchtet hast. Schau dich um – wir füttern unsere Kinder mit der allgegenwärtigen Religion des *Konsums*, mit den dunklen Dämonen hinter den Kulissen unserer Wirklichkeit. Und dabei brauchen wir nicht zu glauben, dass die Dämonen auf den Flügeln des Hurrikan Kanimuri zu uns kommen."

Irritiert hörte Witalij mir zu und versuchte, meine Metaphern zu verstehen.

"Diese Dämonen sind in uns. Wir haben uns mit der Religion des *Konsums* vollgesogen, ohne dabei wahrzunehmen, wie wir uns verändert haben. In Afrika werden Kinder in der Öffentlichkeit zugrunde gerichtet, in Europa geschieht es hinter verschlossenen Türen. Der Kern dessen, was dort geschieht, bleibt aber der gleiche. Wir fürchten unsere Kinder, denn wir fühlen, dass sie uns unsere menschliche Natur zurückgeben können. Merk dir eine wichtige Sache: Die BEZIEHUNG ZU KINDERN ist der entscheidende Faktor in einer Zivilisation!"

Ich machte eine Pause und holte meine Wasserflasche aus dem Rucksack.

"Die meisten Leute fühlen sich durch den Umgang mit Kindern gereizt. Das ist darauf zurückzuführen, dass wir uns in zwei Teilpersönlichkeiten befinden – in Beta und in Alpha. Und niemand denkt daran, wie wichtig es ist, eine *Brücke* zwischen uns zu schaffen. Einmal habe ich mit einem zweijährigen Kind gespielt und mich beim Gedanken ertappt, dass mir meine Zeit für solche albernen Spiele zu schade ist. Diese Zeit könnte man schließlich viel sinnvoller nutzen, zum Beispiel, um Geld zu verdienen. Verstehst du?"

Witalij nickte.

"Ja, ich erinnere mich - die Falle der *Mangen* - ZEIT und HUNGER."

"Genau! Und ich ertappte mich dabei, wie ich anfing, ärgerlich zu werden. Doch genau in diesem Moment kam mir der Gedanke, mich von meinem Zustand zu lösen und den Kleinen in den *Lichtschatten* zu beobachten. Weißt du, was ich dort gesehen habe?"

Schweigend wartete Tabo darauf, dass ich weitersprach.

"Ich habe gesehen, dass Kinder Portale zu den *Lichtschatten* sind. Begreifst du? Sie sind unsere *Begleiter*. Sie sehen die *Lichtschatten*. Sie sehen die *Welle* und können uns durch sie hindurchführen. Heute Nacht hast du erneut Verbindungen aufgebaut, die einst durch die dunkle Energie zerstört worden sind. Heute bist du um ein Vielfaches stärker geworden. Heute hast du die Ewigkeit berührt, auch wenn sich dein Verstand dessen noch nicht bewusst werden konnte."

Tabo stand auf und lief am Rande des Sees entlang. Dann setzte er sich, schöpfte mit seinen Händen etwas von dem kalten Wasser und wusch sich das Gesicht. Er drehte sich zu mir um.

"Mein Kopf kann überhaupt nicht denken. Weißt du, ich befinde mich gerade in so einem kosmischen Zustand, wie nach dem Meditieren. - Ich versuche, den Kopf einzuschalten, aber er schweigt."

"Nun, unsere Teilpersönlichkeiten sind gerade dabei, zu verschmelzen. In diesem Zustand stoppt der innere Dialog."

Tabo nahm noch etwas Wasser und tauchte genüsslich sein Gesicht darin ein.

"Kam, und was hast du bei dieser *Expedition* gefunden, wenn ich fragen darf?"

Ich lehnte mich ins Gras zurück, während ich eine unglaubliche Freude verspürte, die mich von innen durchflutete.

"Ich glaube, ich habe genau das gefunden, wonach ich gesucht habe. Den *Höchsten Geist*."

Ich schloss die Augen und vor meinem inneren Auge tauchten verschiedene Motive und Bilder auf:

Das Zeichen der *Drei* an der Wand in der Berghöhle.

Der Seher malt drei Punkte in die Mitte des Rhombus, die er mit einer Linie zu einem einzigen Symbol verbindet. Ich höre seine Stimme:

"Das ist das DSHAKSIN. Was das ist, musst du selbst herausfinden."

Polina, die vor zwei Jahren genau auf dieser Wiese neben mir saß. Das war's. Der Kreis hatte sich geschlossen.

"Und wenn sich deine Körper einigen, wirst du hierher zurückkehren und alle losen Enden verbinden."

Ich öffnete die Augen und schaute in den klaren blauen Himmel über mir. In meiner inneren Welt, in der endlosen Stille, begann sich alles zusammenzufügen.

Wir saßen noch immer am Seeufer und führten unser Gespräch fort. Was wir als Nächstes tun würden, wussten wir nicht. Wir befanden uns nur im Hier und Jetzt, und an diesem Punkt im Universum teilten wir unsere Gedanken und Gefühle miteinander.

"In der vergangenen Nacht haben wir instinktiv das getan, was uns zum einen vor der *Karamora* gerettet und uns zum anderen auf ein völlig anderes Level gebracht hat."

Witalij sah mich fragend an. Er verstand, dass sich jetzt, hier an diesem wundervollen Ort, viele Puzzlestücke zusammenfügen würden, für deren Suche wir uns vor ein paar Tagen in die Berge des Altai aufgemacht hatten.

"Eigentlich war es die *Karamora*, die uns auf dieses Level gebracht hat. Sie hat ihre Rolle als *schwarze Königin* gespielt. Dort, in den *Lichtschatten*, sind wir *zurückgekehrt*."

Witalij musterte die Schachfigur in seinen Händen. Dann wandte er seinen Blick wieder mir zu.

"Was bedeutet das?"

"Für ein paar Augenblicke sind wir wieder zu *Leuchtenden* geworden."

Ich erinnerte mich an den schutzlosen kleinen Witalij und an mich selbst, wie wir uns in der Dunkelheit auflösten.

"Wir wurden zu Kindern. Deshalb war die *Karamora* machtlos, konnte uns nichts tun, verstehst du? Als Erwachsene, die mit den Programmen der sexuellen Unterordnung aufgewachsen sind, waren wir ihr völlig ausgeliefert. Aber zu irgendeinem Teil unserer Seele hatte sie keinen Zugang. Deshalb sahen wir zwar schutzlos aus, waren aber vom mächtigsten *Beschützer*, den es in diesem Universum gibt, beschützt."

"Dem *Höchsten Geist*?"

Ich nickte.

"Ja, wir waren zurückgekehrt und schrien unseren Hilferuf in die Unendlichkeit hinein. Und *Er* hat geantwortet ..."

Witalij hielt den *Fers* fest mit seiner Hand umklammert und blickte verständnislos auf den See. Ich konnte nachvollziehen, wie schwer es war, die Informationen aus verschiedenen, manchmal parallelen Informationsflüssen zusammenzufügen.

"Genau das ist der Sinn der Religion, von der ich dir erzählt habe. Ich habe sie durch die *Tiefe* erkannt."

Aus meiner Jackentasche holte ich das kleine Heiligenbild – die Muttergottes und ihr Kind – hervor und zeigte es Tabo.

"Weißt du noch, wie ich gesagt habe, ich hätte mich verrannt, in den Religionen verheddert? Nun, in Wahrheit hat sich alles als viel einfacher herausgestellt! Es ist unser *Mangen*-Verstand, der alles verdreht, aber es lohnt sich, ein wenig *tiefer* zu gehen – und schon beginnt alles, seine wahre Natur zu offenbaren."

Witalij streckte mir seine Hand entgegen und ich legte das Bild hinein.

"Religionen sind kompliziert, weil sie vom Leben abgetrennt sind. Fängt man aber an, die *Religion* durch das *Leben* zu suchen, ergibt alles einen Sinn."

Ich nickte zum Heiligenbild.

"Uns wurde ein *Prinzip* gegeben, aber mit unserem verschnörkelten Verstand treiben wir selbst alles bis ins Absurde. In diesem Bild ist das *tiefste Prinzip* enthalten, man muss es nur finden!"

Aufmerksam sah sich Witalij die Abbildung an. Ich lächelte.

"Lass uns mit etwas Vertrautem anfangen. Die *Jäger* sagen, dass alle großen Geheimnisse genau hier, im alltäglichen Leben verborgen liegen! Schau genau hin – wen siehst du?"

"Die Muttergottes."

"Langsam! Lass dich nicht von deiner früheren Wahrnehmung ablenken. Sag mir nur, wer auf diesem Bild dargestellt ist."

"Eine Mutter und ihr Sohn."

Ich lächelte und wartete schweigend, bis Tabo "ansprang". Verwirrt sah er mich an:

"Willst du damit sagen ...?"

"Uns wurde ein *tiefes Prinzip* gegeben, aber wir sehen es nicht. Weißt du noch, wie laut Bibel der Mensch erschaffen worden ist? Nach dem Bild und Gleichnis Gottes. Das heißt, dass wir seine *Bilder* und *Gleichnisse* im alltäglichen *Leben* suchen müssen. Wer hat uns in dieser Welt erschaffen?"

"Unsere Eltern."

"Ganz genau! Die Eltern. Papa und Mama. Genau das ist die *Projektion* des *Bildes* und *Gleichnisses*. Verstehst du?"

Witalij schwieg nachdenklich. Ich nickte zum Heiligenbild.

"Wir müssen lernen, den *Höchsten Geist* nicht durch Theorien und Schriften zu erfahren, denn diese können verzerrt werden, sondern durch das *Leben*! Durch den Strom, in dem wir geboren wurden und in dem wir *leben*. Erst wenn wir uns der Beziehung zu unseren Eltern bewusst werden, können wir eine höhere Ebene erreichen – die Erkenntnis unserer Verbindung mit unseren *Eltern des Höchsten Plans*."

"Warte mal, Gott ist das *Absolute* und unsere Eltern sind gewöhnliche Leute. Das hast du selbst gesagt! Sie haben uns verzerrt, das dunkle Virus an uns weitergegeben, uns in die Gesellschaft der *Mangen* eingeführt, da sie selbst *Mangen* sind."

Ich nickte.

"Alles richtig. Aber hier geht es um das *Prinzip*, um das *Gleichnis*. Überleg mal: Als du klein warst, wer waren da deine Götter?"

"Meine Eltern natürlich. Später aber, als ich größer wurde, habe ich angefangen zu begreifen, dass sie keineswegs Götter sind."

"Als du größer wurdest, das heißt, als du verzerrt wurdest – mehr und mehr. Als du aber ein kleiner Junge warst, dich also in der Alpha-Teilpersönlichkeit befandest, hast du das *Prinzip* selbst gespürt! Die *Mangysen* mussten natürlich einen Keil zwischen Eltern und ihre Kinder treiben, um das *Prinzip* zu verzerren. Aber lass uns die Wurzel betrachten. Für eine Weile waren deine Eltern für dich die Religion. Wenn auch nur für einen Augenblick! Wer Glück hatte, für den hielt dieser Zustand ein paar Jahre an. Sie lieben uns, verstehen alles und in schwierigen Momenten nehmen sie uns in die Arme. Erst später, wenn wir erwachsener werden, zerstören wir diesen Kontakt und verlernen dabei, das *göttliche Prinzip* zu spüren."

"Aber warte mal, Kam, schließlich lieben unsere Eltern uns nicht nur, sie bestrafen uns auch und das manchmal vollkommen grundlos. Und sie flippen aus. Machen Fehler. Wie kann man da das Bild des *Absoluten* auf sie projizieren?"

"Man braucht das Bild des *Absoluten* nicht auf sie zu projizieren. Umgekehrt, man kann sie auf das Bild projizieren. Wir sollten dieses Bild in der *Absicht* anstreben, reiner, weiser und gutmütiger zu werden. Ja, unsere Eltern sind gewöhnliche Leute, aber was der *Höchste Geist* berührt hat, macht er besser und er löst alles Verzerrte, Dunkle auf. Damit das geschehen kann, müssen wir aber lernen, die *Projektionen* in Beziehung zueinander zu setzen. Die Projektionen auf unsere Eltern, auf uns selbst sowie auch auf die Eltern von anderen. Als Experte kann ich dir absolut sicher sagen, dass die Bestrafung eines Kindes ein Eingeständnis der eigenen Machtlosigkeit ist. Das dunkle Virus in unseren Köpfen ist dafür verantwortlich. Üblicherweise bestrafen Eltern ihre Kinder für ihre eigenen Fehler. Das ist die Verzerrung der *Religion*. Weise Eltern handeln immer aus Respekt und Liebe. Für mich persönlich macht gerade das diese *Religion* so attraktiv. Wenn meine Eltern dazu in der Lage sind, in Liebe zu handeln, kannst du dir dann vorstellen, wie die *Höchsten Eltern* für uns empfinden, die milliardenfach weiser sind als unsere irdischen Eltern? Ich kann mir das Ausmaß der *absoluten Liebe* zumindest vorstellen, aber nur mithilfe konkreter Erfahrungen, die ich mit etwas Greifbarem vergleiche. Wenn man mir einfach sagt, dass Gott mich liebt, so sind das nur Worte für mich. Das ist sehr abstrakt. Sobald ich aber verstehe, dass *Er* mich durch meine Eltern liebt und sogar noch milliardenmal stärker, dann berühre ich die *lebendige Religion*, die befreit und inspiriert."

Witalij dachte angestrengt nach. Es war offensichtlich, dass er nach Pro- und Contra-Argumenten suchte.

"Du musst verstehen, Tabo, dass wir die Religion auf die Ebene des Abstrakten gehoben haben. Wir versuchen einfach, an etwas zu glauben. Ja, das *Absolute* kann man nicht nach unseren unbedeutenden menschlichen Kategorien beurteilen, aber wir leben schließlich in einem realen Raum! Die Religion ist uns gegeben worden, damit wir diesen Raum transformieren und eine andere Ebene erreichen, die der Erkenntnis des *Höchsten Geistes*. Die

Leute würden natürlich am liebsten in den Aufzug steigen und ins Paradies fahren. So funktioniert es aber nicht. Wir müssen uns mit dem Raum auseinandersetzen, in dem wir leben. Wir müssen lernen, die Manifestationen des *Höchsten Geistes* in unserer Umgebung wahrzunehmen. Wenn wir ihn nur in den Wänden der Gotteshäuser oder im Leben nach dem Tod suchen, übersehen wir eine riesige Portion der wahren Realität."

Ich streckte die Hand nach dem Heiligenbild aus, nahm es zurück und legte es mir auf die Knie.

"Erst wenn wir verstehen, was zwischen uns passiert, welche Verbindungen zwischen Eltern und Kindern sich hinter der Fassade aus Groll und Unverständnis verbergen, werden wir anfangen zu begreifen. Nur wenn wir anfangen, aufeinander zuzugehen – nicht über die gewohnten Programme, die alle vergiftet sind –, sondern über die Suche nach dem *Höchsten Geist* im anderen, werden wir die wahre *Religion* erfahren. Das ist der schnellste Weg zur *Erleuchtung*. Das bedeutet, dass die uns *Nahestehenden* und unser persönliches Leben zu den wichtigsten Werten auf dieser Welt gehören. Wir müssen uns nur dieses *Prinzips* in uns bewusst werden!"

Witalij schüttelte den Kopf.

"Es ist schon alles richtig, was du sagst, aber irgendwie kann ich dieses Konzept einfach nicht mit der Religion vereinen."

"Das liegt daran, dass wir Religion automatisch für etwas Kompliziertes halten. Für mich selbst habe ich alles vereinfacht. Auf den Seminaren habe ich einen ganz einfachen Test mit den Leuten gemacht. Ich schlug ihnen vor, drei Dinge aufzuschreiben, die sie für sehr wichtig hielten. Sie sollten sich verpflichten, diese Dinge in den nächsten drei Tagen auszuführen, komme, was wolle. Dann nahm ich eine kleine Änderung vor: Ich sagte ihnen, sie sollten noch einmal dieselbe Liste schreiben, aber dabei berücksichtigen, dass die kommenden drei Tage wahrscheinlich die letzten in ihrem Leben sein würden. Und weißt du was? Die Listen stimmten nicht überein. Nicht im Geringsten. Die Trainingsteilnehmer legten eine ganz andere Vorgehensweise an den Tag. Also fragte ich sie, welche der Listen für sie WIRKLICH WICHTIG sei? Und sie antworteten völlig zu Recht, dass im Angesicht des Todes die WAHREN WERTE an die Oberfläche kommen, weswegen die zweite Liste wichtiger sei. Was glaubst du, was auf dieser Liste stand?"

"Na, das ist doch klar", schmunzelte Tabo, "Verwandte und Nahestehende."

"Ganz genau. Deshalb sage ich auch, dass die *lebendige Religion* ganz einfach ist. Aber nur auf den ersten Blick. Schließlich bemerkte fast keiner der Testteilnehmer die nicht unbedeutende Nuance, dass sich diese Listen im realen Leben NICHT ÜBERSCHNEIDEN! Und paradoxerweise setzen im Alltag die meisten ihre Prioritäten so, dass sie die erste Liste wählen."

"Hängt das wieder mit den Teilpersönlichkeiten A und B zusammen?"

"Natürlich, alles hängt mit ihnen zusammen. In der Teilpersönlichkeit B sind unechte Werte verankert, für die wir unsere wertvolle Zeit vergeuden. In der Teilpersönlichkeit A liegt etwas Tieferes, etwas Wichtiges verborgen, das von uns aber unbemerkt bleibt ... bis wir dem Tod gegenüberstehen. *Religion* darf aber nicht erst nach dem Tod funktionieren, denn sie wurde den Menschen gerade für das *Leben* gegeben. Und wenn jemand in seinem *Leben Lebenskraft* verspürt, so heißt das, dass es die richtige *Religion* ist. Eine *lebendige Religion* – das ist die *Brücke* zwischen unseren Teilpersönlichkeiten."

Witalij nickte zustimmend.

"Was muss man also tun? Wie kann man diese *Religion* ins alltägliche Leben integrieren?"

Ich lachte.

"Diese Frage hast du mir schon mehrmals gestellt. Ich gebe dir jedes Mal dieselbe Antwort, nur in verschiedenen Interpretationen. *Vereinfache.*"

Witalij erinnerte sich.

"Ah ja, man muss nur den *Höchsten Geist* um Hilfe bitten, und er wird alles regeln?"

Ich sah ihm direkt in die Augen und versuchte, den nonverbalen Kontakt aufrechtzuerhalten, der eine Kommunikation über die *Tiefe* ermögliche.

"*Religion* ist in meinem Verständnis ein absolut natürlicher Prozess. Als du klein warst, konntest du mit deinen Eltern über alles reden. Über deine Wünsche und darüber, was dir Angst machte. Verrat mir mal, wovor du dich in der Kindheit gefürchtet hast."

Fast ohne darüber nachzudenken, antwortete Witalij:

"Vor der Dunkelheit."

"Ich auch. Und ich glaube, dass viele Leute in ihrer Kindheit genauso empfunden haben. Weißt du, wie Psychoanalytiker die kindliche Angst vor der Dunkelheit auslegen? Als die Angst vor dem Erwachsenwerden. Ich glaube, das Erwachsenwerden macht den Kindern nicht einmal aus dem Grund so viel Angst, weil sie sehen, was mit ihren Eltern vor sich geht. Ja, unterbewusst wollen sie wahrscheinlich nicht in ihre Welt eintreten. Aber vielmehr glaube ich, dass sie sich vor dem Erwachsenwerden fürchten, weil das, was sich in der Dunkelheit versteckt, mit der Zeit zu einem festen Bestandteil im Leben eines Erwachsenen wird. Das ist es, was wirklich beängstigend ist. Zwar konnten unsere Eltern uns vor der Dunkelheit in der Zimmerecke beschützen, aber gegen diese existenzielle Finsternis sind auch sie machtlos. Aber genau hierin offenbart sich die *Religion*, von der ich gesprochen habe. Nach seinem *Bild* und *Gleichnis*: Unsere *Eltern* - der *Höchste Geist*, der uns erschaffen hat - können mit dieser Finsternis fertigwerden. Verstehst du, was ich meine?"

Witalij nickte. Sein Blick richtete sich nach innen, er dachte nach.

"Wenn doch aber unsere *Eltern* alles können, warum befinden wir uns dann immer noch in der *Finsternis*? Warum helfen sie uns nicht?"

Ich dachte an die *Lichtschatten* aus der vergangenen Nacht zurück.

... Nur zwei Worte tauchten in meinem schwindenden Bewusstsein auf – 'HÖCHSTER ... GEIST ...'. Ich klammerte mich an sie, wie sich ein Ertrinkender an alles klammert, das er greifen kann. Das Gebet ... das Gebet ... Nein, ich konnte mich nicht erinnern ...

Jetzt war die *Karamora* schon ganz nah. Ich sah ihre teuflischen Augen, die die Seele und den Geist austrockneten. Mein Herz blieb stehen ...

MAMA!!!!

War ich das, der da schrie?

MAMI!!!!

Ich ...

PAPA!!!

Ich wusste, dass ich schrie, hörte aber meine Stimme nicht.

PA-PA ...

Alles ringsum war von Dunkelheit durchflutet. War ich gestorben? Dunkelheit ...

LICHT! Es schmerzte in meinen Augen, also schloss ich sie und bedeckte sie instinktiv mit der Hand.

Ich war am Leben!!! ...

EXOTEN

"FINDET MICH"

(Altai, 2015)

"Liebe ist Magie ... Wenn du dein Haus, deine Familie, deine Nahestehenden und deine Freunde liebst, dann wirst du einen Weg zu ihnen finden, komme, was wolle ..."[23]

Oleg Roj, "Zakoldovannyj dub"
(*dt.: Die verwunschene Eiche*)

"Weil ... wir uns verirrt haben."
Ich wickelte mich in meine Windjacke, weil es plötzlich trotz der heißen Sonne am klaren Himmel kalt wurde.

"Weil wir nach wie vor, zitternd vor Angst, im dunklen Zimmer sitzen und nicht wissen, was wir tun sollen. Wir sind verloren gegangen. Wir fühlen uns im Stich gelassen. Wir fürchten uns aber nicht nur vor dem, was in der Dunkelheit lauert.

---

23 Zitat frei übersetzt, Anm. d. Übers.

Wir fürchten unsere Eltern, weil wir glauben, dass sie mit jenen Kreaturen, die aus den dunklen Ecken ihre unheimlichen Hände nach uns ausstrecken, unter einer Decke stecken. Aus diesem Grund ist es leichter für uns, einsam im dunklen Zimmer zu sterben, als auch nur einen Mucks von uns zu geben."

Tabo sah mich an, als würde ich vollkommen wirres Zeug reden. Der Zustand, in dem wir uns befanden, glich tatsächlich etwas einer narkotischen Trance. Alles um uns herum glich mehr einem Traum als der realen Welt. Ich zwinkerte meinem Gefährten zu. Ich wusste, dass er die Legende über die Nacht der Dämonen nicht gelesen hatte, aber ich hatte gerade weder die Kraft noch Lust, sie ihm zu erzählen.

"Doch irgendwo in uns ist der Glaube an sie noch am Leben. Der Glaube an unsere Eltern. An ihre *tiefe Projektion*. Und so sitzen wir in der Dunkelheit, halten uns vor ihnen versteckt, doch allein das Schlagen unserer Herzen sendet Signale an sie und lässt uns hoffen, dass sie die Finsternis in sich besiegen, uns finden und uns in die Arme schließen. Irgendwo *tief* im Innern glauben wir, dass die Nacht der Dämonen bald zu Ende sein wird."

In regelmäßigen Abständen befeuchtete Tabo sein Gesicht mit kaltem Wasser und versuchte so, zu einem normalen Zustand zurückzukehren, um wieder zusammenhängende Gedanken fassen zu können.

"Was kann man also tun, Kam? Einfach warten, bis unsere *Eltern* uns finden? Und was, wenn es die Dämonen doch schaffen, uns zu fressen?"

Ich schmunzelte und streckte mein Gesicht in den frischen Wind.

"Es gibt keine Dämonen."

Tabo verzog das Gesicht.

"Was?"

"In Wirklichkeit gibt es überhaupt keine Dämonen."

"Wie meinst du das, es gibt keine? Und die *Karamora* gibt es auch nicht? Und die *Mangysen*? Aber ich habe sie doch selbst gesehen! Heißt das, du hast dir all das mit den *Mangysen* nur ausgedacht? Ich komme nicht mehr mit."

"Denk zurück an deine Kindheit. In welchen Momenten haben sich die Ängste gezeigt?"

"Als ich allein im dunklen Zimmer war. Und ich hatte Albträume, wenn ich krank war, auch in meiner Kindheit."

"Siehst du. Wenn unsere Eltern in der Nähe waren, hatten wir keine Angst. Die Dunkelheit um uns war still und ruhig. Verstehst du? Was die Albträume während einer Krankheit betrifft ... Gerade weil wir krank sind, haben wir Albträume. Aus Kummer. Wie ich schon sagte, wir sind verloren gegangen. Aber wenn die Krankheit überwunden ist, werden auch die Albträume verschwinden. Eigentlich stellt unser ganzes Leben die Suche nach den verlorenen *Eltern* und nach dem verlorenen *Zuhause* dar. Wir müssen unsere *Eltern* hier in diesem Leben finden, um nach Hause zurückzufinden. In ein *Zuhause*, in dem die Dunkelheit in den Ecken niemals wieder zum Leben erwachen wird. Es gibt nur den *Höchsten Geist*, bestehend aus zwei *Energien*, und unsere Irrtümer. Um SIE wiederzufinden, müssen wir nur unseren Mut zusammennehmen und in die Dunkelheit hineinrufen: FINDET MICH!"

Wieder nahm ich das Heiligenbild in die Hand und schaute es an.

"Meiner Meinung nach ist das hier eine der wichtigsten Ikonen im Christentum. Ich denke oft darüber nach, dass Jesus immer noch dieses Baby ist, obwohl er erwachsen geworden ist. So wie auch in jedem von uns ein kleines Kind lebt. Und irgendwo tief im Innern erinnert sich jeder von uns an die Verbindung mit den gutmütigsten Armen der Welt."

Ich stand auf und verließ die Grasfläche, um am Ufer im Sand umherzulaufen. Ich beugte mich nach unten und malte *drei* Punkte in den Sand. Dann holte ich meinen *Ongon* aus der Tasche – den weißen *Fers*, den ich in meiner offenen Hand betrachtete. Aufmerksam verfolgte Tabo, was ich da machte. Ich zeigte ihm die Schachfigur.

"Die Bauern sind Kinder. Sie spielen das Spiel des Lebens, um am Ende des Spielfeldes ihre *Kraft* zu vervielfachen und zu *Zauberern* zu werden. Und wenn sie sich in einen *Fers* verwandeln, endet das *Spiel* nicht für sie, sondern fängt gerade erst an ..."

Ich legte die Figur neben meine Füße und fing an, meine Kleidung auszuziehen. Ich wusste, was zu tun war. Ich wusste nicht, warum, aber ich wusste, was. Überrascht fragte Tabo:

"Kam, was tust du? Willst du etwa baden? Das Wasser ist eiskalt."

Ich wandte mich der Felswand auf der anderen Seite des Sees zu. Von ihrer Spitze floss ein kleiner Wasserfall herab, der mit Geplätscher auf die Steine am Ufer fiel und sich dort in Hunderte Wasserspritzer zerstreute. Mein Verstand war wie betäubt, in meinem Kopf gab es keinen einzigen Gedanken. Mein Körper aber nahm etwas wahr. Dieses Etwas schien sich als dunkle Wand vom Felsen aus in unsere Richtung zu bewegen, es kam näher und näher.

LEERE und Hunderte von Bildern vor meinen Augen. Völlig nackt stand ich an dem Punkt, an dem sich die Welten kreuzen, an dem sich der *Kreis* schließt.

Die Suche nach *Gott* und nach der *Göttin*. Die Suche nach den *Eltern*. INJARA. Zwei Energieflüsse, die sich in meiner Brust kreuzten. Wie lange war die Vorstellung der *Göttin* in meinem Verstand versteckt gewesen. Wie lange war sie dort von den schwarzen Dämoninnen bewacht worden, die versuchten, mich mit ihren teuflischen Reizen einzuschüchtern. Wie lange habe ich SIE in dieser Welt gesucht. Sie schimmerte in meinen

Büchern durch, sie tauchte ständig in meinem *Leben* auf, sie war die ganze Zeit in meinen *Träumen* anwesend. Aber nur als Gefühl. Als Glaube. Jetzt hingegen konnte ich sehen, wie sich ein Spalt in der Dunkelheit des Zimmers öffnete und einen Lichtstreifen hindurchließ. Jetzt wusste ich, dass man nur in die Dunkelheit, die voll von unsichtbaren Dämonen ist, zu rufen und sich an seine *Eltern* zu wenden braucht – FINDET MICH!

Ich ging zum Wasser und berührte es mit meinen Zehen. Polina hatte mich nicht grundlos hierhergebracht. Hier war ein *Eingang*. Denn schließlich war es kein Zufall, dass Wasser *tiefgründige* Informationen speichert. Eine Stimmung ... Das ist ein *Schlüssel*. Unsere *Expedition* hatte beide Teilpersönlichkeiten vereint und so konnte sich jetzt unter den richtigen Voraussetzungen der *Leuchtende* zeigen. Die *Welle* und der *See* – das waren die perfekten Voraussetzungen, die man einfach einfangen und an einem bestimmten Ort zu einer bestimmten Zeit verknüpfen musste.

Ich lief ...

Ich machte einen Schritt nach vorne.

Es war seltsam, aber ich spürte die Kälte nicht. Stattdessen huschten elektrische Funken über meine Haut. Die *Welle*. Sie war ganz nah. Laut Danilytsch wird man von der *dunklen Welle* vollständig überrollt, wenn man vor ihr davonläuft. Wenn man sie aber anschaut und auf sie zugeht, wird sie sich in Nebel auflösen. Noch ein Schritt.

Ich "dehnte mich aus", zu allen Seiten. Hinter mir konnte ich das Unverständnis von Tabo spüren, der sich vom Boden erhob. Vor mir bewegte sich der schwarze Streifen der *Welle* auf mich zu. Und unter meinen Füßen öffnete sich die *Tiefe der Lichtschatten*. Ich hielt die Figur des *weißen Fers* fest umklammert. Sie war meine Gabe an die *Göttin*. Heute würde mein *Ongon* auf dem Grund des *Sees der Berggeister* zurückbleiben.

Ich spürte, wie das Wasser meinen Körper auflöste. Alles verschwamm vor meinen Augen. Ein plötzlich aufgetauchter Nebel hüllte meine gesamte Umgebung ein, so dass ich weder den Felsen noch den See noch den Himmel mehr sehen konnte. Die *Welle* war direkt vor mir. Zwei gegensätzliche Empfindungen – Hitze und Kälte. Ich tauchte ab, bewegte mich geradeaus, ohne das Wasser zu spüren, als wäre ich in elektrisches Licht eingetaucht, ich ging immer *tiefer* und *tiefer* ...

Licht. Helles Licht aus allen Richtungen.

Sanft. Weich. Es durchleuchtete und durchströmte Körper und Geist.

Das Gefühl des Fliegens. Begeisterung. Das Herz zersprang.

Unsichtbare *Arme* fingen mich in der Luft auf und schaukelten mich wie in einer riesigen Wiege, hoben mich nach oben zum *ewigen blauen Himmel* über dem Altai.

Ein angenehmes und lange vergessenes Gefühl. Das angenehmste Gefühl auf der Welt.

Ein Mensch kann dieses Gefühl nicht aushalten.

Es überwältigt, schmilzt die Knochen, umhüllt.

Der Körper wird schwerelos wie Dampf, flüssig wie Licht, leicht wie ein Windhauch.

Der See übertrat seine Ufer und erfüllte das ganze Tal mit Licht. Er hatte keinen Boden ...

Licht. Ewig. Weise. Sanft. Das sanfteste auf der Welt.

Nur ein Kind kann verstehen, was das ist. Ein vages, vertrautes Gefühl.

Mir war nach Weinen und Lachen zugleich zumute.

Ich würde alles tun, damit diese *Arme* mich nie wieder losließen.

Licht. Wasserfälle aus Licht. Ozeane aus Licht ... Himmel. Fliegen. Zärtlichkeit. Freiheit ...

DER SEE DER BERGGEISTER

KREUZUNG

(Altai, 2015)

"Wie viele Menschen es wohl gibt,
die niemals über ihre Abenteuer sprechen,
da sie fürchten, man wird ihnen nicht glauben!
Wer kann es ihnen verdenken!
In ein, zwei Monaten wird uns selbst
alles wie ein Traum erscheinen."[24]

Arthur Conan Doyle, "Die vergessene Welt"

Eingewickelt in trockene, warme Decken, saßen wir vor dem riesigen Lagerfeuer. Witalij sah mich an, als würde er auf irgendwelche Erklärungen warten. Das Ganze musste von außen betrachtet wirklich äußerst seltsam gewirkt haben. Ein Mann steigt in den eisigen See und fällt dort in Trance, in einen Starrezustand,

---

24 Zitat frei übersetzt, Anm. d. Übers.

aus dem er im kalten Wasser praktisch nicht mehr herauskommen kann. Als er gesehen hatte, dass ich mit dem Kopf unter Wasser getaucht war, hat er sich sofort hinterher gestürzt und mich ans Ufer gezogen. Wie sich zeigte, hatten wir uns bei dieser *Expedition* wohl beide gegenseitig gerettet. Vielleicht lag darin noch eine weitere *tiefgründige* Bedeutung der *Reise*. Aber ich konnte nicht darüber sprechen – alles Geschehene lag für mich direkt in der *Tiefe* begründet. Ich konnte es nicht rational erklären. Ich wusste einfach mit absoluter Sicherheit, dass ich es genau so tun sollte. Und ich hatte Vertrauen. Grenzenloses Vertrauen in die Kräfte, die mich hierhergeführt hatten.

"Warum hast du das denn gemacht?", murmelte Tabo, der nicht länger auf meine Erklärung warten wollte.

"Weißt du, ich kann es nicht wirklich erklären. Es hat sich einfach so ergeben."

Ratlos rieb sich Witalij das Kinn.

"Wusstest du, dass ich dich rausziehen würde? Bist du deshalb so weit gegangen?"

Ich zuckte mit den Schultern.

"Wahrscheinlich. Ich weiß es nicht. In jenem Moment habe ich an überhaupt nichts gedacht. Aber ich bin dir sehr dankbar. Für die Unterstützung. Es war wichtig für mich, weit zu gehen."

"Und was hast du dort gefunden?"

Ich lächelte, während ich auf die ruhige Seeoberfläche vor uns blickte.

"Das, was ich gesucht habe. Meine ELTERN."

Witalij schmunzelte.

"Sie haben dich also doch gefunden? Oder hast du sie ..."

"Das haben sie."

Ich drehte mich zu meinem Gefährten um.

"Sie waren es auch, die mich gerettet haben – durch dich."

Nachdenklich schaute Witalij ins Feuer.

"Wie das?"

"Der *Höchste Geist* wirkt durch alles, was uns umgibt. Auch durch uns. Wir suchen ihn, dabei ist er immer da – um uns herum und in uns."

Ich nickte Witalij zu, den Zedern, dem See.

"Soll das etwa heißen, dass SIE auch mich gefunden haben?", fragte er.

"Ja", sagte ich lächelnd und zwinkerte ihm zu.

Eine Weile saßen wir schweigend da. In diesem Zustand gab es absolut kein Bedürfnis zu reden. Aber der Verstand versuchte trotzdem, das Erlebte zu begreifen.

"Kam, war das, was mit dir im Wasser passiert ist, ein *Eingang* in die *Lichtschatten*?"

"Was hast du denn gesehen?"

Witalij zögerte.

"Ich hatte eine ganz seltsame Vision. Als du ins Wasser gegangen bist, dachte ich, du würdest kurz eintauchen und wieder zurückkommen. Aber du standest einfach nur da. Ich habe gehört, dass sich auf der Haut ein Wärmefilm bildet, wenn man sich mehrere Sekunden im kalten Wasser nicht bewegt. Der Mensch hat dann kein Kälteempfinden mehr. Die Unterkühlung setzt aber trotzdem ein! Als du also langsam zur Seite fielst und unter Wasser gingst, begriff ich, dass es höchste Zeit war, dich zu retten. Ich rannte ins Wasser, aber als ich bei dir ankam, warst du nicht da! Als hättest du dich für ein paar Sekunden aufgelöst, du warst verschwunden. Während ich nach dir suchte, blitzte eine ganze Reihe an Bildern in meinem Kopf auf. Es war, als hätte ich in nur wenigen Sekunden gleich mehrere Filme in Spielfilmlänge gesehen. Das ist alles wegen des Sees, oder?"

Ich schaute auf die Wasseroberfläche und spürte eine starke Verbindung zum See. Es war, als hätte ich mich beim Baden tatsächlich im Wasser aufgelöst, als wäre ich dann wieder zusammengesetzt worden, wobei der See Teil von meinem Körper und meinem Verstand geworden ist.

"Ja, ich glaube, dass dieser See ein mächtiger *Arkol* ist. Eine *Jägerin* hat mich einst hierhergeführt. Jetzt verstehe ich, dass sie das nicht grundlos getan hat. Denn jedes Gewässer ist schließlich ein Informationsspeicher. Trotzdem glaube ich, dass hier viele Faktoren eine Rolle gespielt haben. Wir sind schon in einer bestimmten Verfassung hier angekommen. Wir waren bereit für Erkenntnis, für den *Eingang* in die *Lichtschatten*. Alles, was wir brauchten, war ein kleiner Schubs. Das hat das kalte Wasser übernommen. Und wenn man die Herkunft des Wassers berücksichtigt, hat es höchst effektiv gehandelt. Wie ich schon sagte – alles ist irgendwie zusammengekommen."

"Heißt das, du bist wirklich für kurze Zeit aus dieser Welt verschwunden?"

Ich lachte laut los.

"Keine Ahnung. Das solltest du besser wissen – du warst derjenige, der mich gerettet hat. Ich hatte die Grenzen meines Verstandes in jenem Moment schon weit hinter mir gelassen."

"Das heißt also, dass, während ich dich im Wasser suchte, ich mich auch in den *Lichtschatten* befand? Ich meine, weil ich solche Bilder gesehen habe."

"Das kann sein. Aber eigentlich ist es nicht wichtig, ob du dort warst oder nicht. Wichtig ist nur, dass du die Bilder erhalten hast. Und wenn du dich an sie erinnern kannst, wenn du sie dir bewusst machst, dann ist das eine der wertvollsten Gaben, die die *Lichtschatten* mit uns teilen können. Natürlich nur, falls du bereit dafür bist."

Witalij beugte sich nach vorn und warf ein paar wuchtige Holzscheite ins Feuer. Nach einem solchen Kälteschock brauchten unsere Körper Wärme, ja und auch rein psychologisch wollten wir einfach, dass das Feuer groß und heiß war.

"Weißt du, Kam, eigentlich waren es gar keine Bilder. Es war irgendwie mehr. Man sagt ja, dass sich vor dem Tod das ganze Leben vor den Augen abspielt, so etwas in der Art habe ich auch erlebt. In diesen Sekunden haben sich alle Puzzleteile für mich zusammengefügt."

Witalij grinste, während er sich vermutlich diese sekundenschnellen Visionen noch einmal ins Gedächtnis rief und die Hände näher ans Feuer streckte.

"Ich habe heute beschlossen, noch einen Brief zu schreiben. An Elja. Ich werde ihr für alles danken. Vielleicht werde ich ihn auch nicht verbrennen, sondern ihn wirklich an sie schicken. Unsere Geschichte ist zu Ende. Und das hat noch nicht einmal mit der *Karamora* zu tun. Als ich im kalten Wasser war, ist mir einfach alles klar geworden. Es ist eine leere Verbindung. Gefüllt mit irgendwelchen Ereignissen, Erfahrungen, Emotionen, aber letzten Endes doch leer. Dafür hat sich in Bezug auf meine Frau alles geändert. All die Beleidigungen, all die Missverständnisse, all das habe ich plötzlich mit ganz anderen Augen gesehen. Es ist, als sei ich zurückgekehrt und habe jetzt eine neue Chance, alles richtig zu machen. Weißt du", er wandte sich mir zu und schaute aus der Decke, die er sich um den Kopf gewickelt hatte, hervor, "es war, als säße man im Zug und wechselt über die Weichen auf ein anderes Gleis, man rast weiter, schaut sich um und stellt allmählich fest, dass man falsch abgebogen ist! Aber die Geschwindigkeit ist bereits so hoch und man hat schon so eine große Strecke zurückgelegt ... Heute habe ich die Augen geschlossen, und als ich sie geöffnet habe, stand ich wieder vor derselben Weiche. Und dieses Mal habe ich die Möglichkeit, mich dafür zu entscheiden, das Gleis nicht zu wechseln! Verstehst du?"

Ich nickte ihm zu.

"Heißt das, du kehrst zu deiner Frau zurück?"

"Ja. Zwischen uns war alles echt. Von Anfang an. Durch diese Verzerrungen im Kopf, von denen du auf dem Seminar gesprochen hast, ist einfach alles in die Brüche gegangen. Wenn man sich das Ganze aber mit anderen Augen ansieht, dann versteht man, was die wahren Werte im Leben sind! Du hast recht, ja, die Familie, das ist die *lebendige Religion*. Vollkommen richtig! Ehefrau, Sohn, Eltern. Aber nur dann, wenn man alles durch die *Tiefe* versteht. Denn an der Oberfläche sieht man nur diesen *Mangysen*-Blödsinn ... Sei dir also gewiss, dass auch ich meine *Religion* gefunden habe. Ich bin nach Hause zurückgekehrt. Ach ja, und ...", Witalij zwinkerte mir zu, "ich habe noch eine weitere Entscheidung getroffen. Ich werde Bamidel adoptieren!"

Sogleich musste ich an die zwei Jungen denken, die Tabo durch die *Welle* und an der Dämonin vorbeigeführt hatten. In mir stieg das Gefühl auf, dass sich alles genau richtig zusammenfügte. Witalij lachte.

"Ja, dieses ganze afrikanische Mysterium ... Es ist wirklich ein Mysterium, nicht mehr und nicht weniger. Schließlich weiß ich jetzt, dass Bamidel es war, der mich zurückgebracht hat. 'Folge mir nach Hause!' So was kann man sich ja wohl nicht ausdenken. Wie passiert das nur alles, Kam? Dass alle Fäden so zusammenlaufen?"

Ich zuckte mit den Schultern.

"Ich weiß es nicht. Aber ich habe das Gefühl, dass die Welt der *Lichtschatten* eine wirklich sehr geordnete Welt ist. Dort ist alles an seinem Platz. Physik. Das Gesetz der Anziehung und Abstoßung. Es ist nur unser Verstand, der meint, dass um uns herum Chaos herrscht. Dabei herrscht in Wahrheit eine *tiefgründige* Harmonie. Und wir lernen, sie zu erkennen. So haben es mir die *Jäger* beigebracht."

Wir saßen noch eine Zeit lang schweigend da, streckten unsere Hände zum Feuer und beobachteten fasziniert, wie Scharen von blutrot leuchtenden Funken darüber tanzten.

"Weißt du, Tabo, ich glaube, dass deine afrikanischen Abenteuer noch über ein paar weitere Ebenen der *Tiefe* verfügen, die wir bis jetzt noch nicht erkannt haben. Zum Beispiel gibt es eine Theorie, die besagt, dass das dunkle Virus vom Schwarzen Kontinent stammt."

Überrascht sah Witalij mich an.

"Sag bloß! Ach, Afrika, Afrika. Lasst eure Kinder nie nach Afrika ..."

"Ja. Und ich glaube, dass die *Mangysen* genau deshalb die Kälte nicht mögen."

"Du meinst, es sind Warmblüter? Vielleicht sind ja die *Mangysen* das, was als Reptiloiden bezeichnet wird?"

"Vielleicht. Jedenfalls deutet Tschukowskis Märchen vom Krokodil, das die Sonne gestohlen hat, ganz offenkundig darauf hin."

"Genau! Und der Bär, das Symbol der slawischen Stämme, reißt ihm das Maul auf."

"Stimmt! Aber auf jeden Fall ist es sehr unwahrscheinlich am Nordpol, auf Kamtschatka oder in Alaska einen *Mangysen* anzutreffen. Ihr Lebensbereich ist der äquatoriale Gürtel. Laut alter Geschichte hat sich genau von dort aus das Virus ausgebreitet. Vor ihm haben auch die nordischen Stämme ihre Territorien verteidigt – 'die Kinder des Bären'."

Witalij kicherte.

"Sag mal, Kam, ist das der Grund, warum wir während der ganzen *Expedition* so frieren? Hast du mich deshalb in die Berge geschleppt? Hast du deshalb gesagt, dass wir im Hochgebirge wohl kaum auf einen *Mangysen* treffen würden? Der Regen, der Schnee, die nächtliche Kälte, dieser See ..."

"Nun ja", antwortete ich, während ich mich in die Decke wickelte, "und unser Eisbad war wohl auch nicht grundlos."

"Mit Sicherheit nicht", Witalij rückte ebenfalls seine Decke zurecht, "ich hab richtig gespürt, wie das dunkle Virus am Ufer zurückblieb, als ich dir hinterhergesprungen bin."

Wir lachten. Ein wundervolles Gefühl von Leichtigkeit und Freiheit durchströmte uns, als wäre das dunkle Virus im Innern tatsächlich auf eine winzige Größe geschrumpft und 'eingeschlafen', der innere Raum war frei von der dunklen Energie, die gewöhnlich Ängste und Spannungen hervorrief.

Wir schwiegen erneut und genossen diesen Zustand. Das Feuer knisterte gemütlich. Eine kühle Brise wehte vom See herüber. Die riesigen Zedern raschelten hinter unserem Rücken mit ihren Ästen. AKSIR. Der Zustand außerhalb von Zeit und Raum.

DER SEE DER BERGGEISTER

EINGÄNGE und AUSGÄNGE

(Altai, 2015)

"Ich musste vom Weg abkommen,
um zu wissen, welche Straße
ich nehmen soll."[25]

Imagine Dragons, "Roots"

"Wie geht es jetzt weiter, Kam?", fragte Witalij, ohne seinen Blick von den Flammenzünglein abzuwenden.

"Was meinst du?"

"Nun, was werden wir jetzt machen? Du meintest, dass wir unseren Endpunkt erreicht hätten. Wir haben beide unsere *Gaben* erhalten. Was nun? Wird jetzt jeder seinen Weg gehen? Lassen wir die *Gaben* Wirklichkeit werden?"

Nachdenklich schaute ich meinen Wegbegleiter an.

"Was würdest du dir denn wünschen?"

---

25 Zitat frei übersetzt, Anm. d. Übers.

"Na ja, nach allem, was zwischen uns vorgefallen ist", lachte Tabo, "ich weiß es selbst nicht. Aber ich spüre, dass uns etwas verbindet. In den letzten Tagen hat sich mein Leben sehr verändert. Ich würde den Kontakt zwischen uns gerne aufrechterhalten."

Ich "entfaltete" mich in meiner Umgebung, berührte die *Lichtschatten*. Wie ich es vermutet hatte, waren wir nicht alleine hier. Ganz dicht neben Witalij sah ich die starre graue Silhouette des Wolfes.

"Du hast es noch immer nicht verstanden, was? Es kann sein, dass wir uns in dieser Welt niemals wiedersehen werden, aber unsere Verbindung wird nicht verschwinden. Sollten wir uns aber wiederbegegnen, werde ich mich sehr darüber freuen!"

Witalij nickte.

"Ich bin auch froh, dass wir uns getroffen haben. So ist das auf dieser Welt – vor ein paar Wochen wussten wir noch nichts voneinander, und heute sind wir Freunde. Du hast damals gesagt, dass es dir wichtig sei, *Nahestehende* zu finden. Erst jetzt fange ich an zu verstehen, was du damit gemeint hast. Auch wenn wir uns in dieser Welt tatsächlich nicht mehr sehen sollten, spüre ich, dass du trotzdem immer irgendwo in der Nähe sein wirst."

Er hielt mir die Hand hin, die ich zur Antwort fest drückte.

"Die *Jäger* haben ein leichtes Gemüt. Ihre Verbindungen sind frei von der Last selbstsüchtiger Verpflichtungen", ich nickte zum Rauch des Feuers. "Das macht uns frei und erfüllt. Wenn du willst, erzähle ich dir eine meiner *Injara*-Geschichten?"

Witalij nickte bereitwillig.

"An einem schönen sonnigen Tag bin ich durch die Straßen der Stadt gelaufen. Ich weiß nicht mehr, wohin ich gegangen bin, aber das ist auch nicht wichtig. Ich lief einfach und genoss den Sommer. Die Autos waren laut, die Leute eilten irgendwohin, um ihre Erledigungen zu machen, und ich schaute mich um und plötzlich sah ich sie. Die junge Frau lief mir entgegen und auf einmal haben sich unsere Blicke getroffen. Das Ganze hat ungefähr ein paar Sekunden gedauert. Keiner von uns verlangsamte seinen Schritt. Wir liefen einfach weiter und schauten uns dabei an. Als sie an mir vorüberging, lächelte sie mir zu. In jenem Moment fühlte ich in mir eine Explosion, so wie ein energetischer Orgasmus. Mein gesamter Körper war von *Kraft* erfüllt. Es war eine unglaubliche Erfahrung. Ich lächelte zurück."

Ich verstummte und lächelte, während ich mich an diese flüchtige Begegnung zurückerinnerte.

"Und?", fragte Witalij nachdrücklich.

"Nichts weiter. Wir gingen weiter, jeder in seine Richtung."

"Das heißt? Du bist ihr nicht hinterher und hast dich nicht mit ihr unterhalten?"

"Nein. Ich habe mich noch nicht einmal umgedreht."

Ratlos kratzte sich Witalij am Kopf.

"Hm, komische Leute seid ihr, ihr *Jäger*. Aber warum bist du nicht zu ihr gegangen?"

Ich hob die Schultern.

"Es war nicht nötig gewesen. Diese wenigen Augenblicke waren ausreichend."

"Das verstehe ich nicht. Wenn es zwischen euch eine solche Resonanz gab, die dich innerhalb von Sekunden mit Energie erfüllt hat, warum solltest du dann nicht mit ihr Bekanntschaft schließen? Es ist doch offensichtlich, dass diese Frau eine *Nahestehende* für dich war!"

"Mit Sicherheit!", ich schloss die Augen. Schon die bloße Erinnerung an diese Begegnung ließ angenehme Wellen durch meinen Körper fließen. "Aber hierin kannst du erkennen, was es für den *Jäger* bedeutet, mit seinen *Nahestehenden* verbunden zu sein. Wir müssen nicht unbedingt losrennen, uns kennenlernen, in Kontakt bleiben und so weiter. Diese wenigen Sekunden waren ein echtes *Injara* – ein Austausch unserer *Kraft*, ohne Verpflichtungen und Bedingungen, ohne weitere Ereignisse, ohne Besitzgier.

Zwei sich *nahestehende* Menschen sind sich einfach auf der Straße begegnet und haben sich gegenseitig erkannt. Vielleicht hatten wir uns davor mehrere hundert Jahre lang nicht gesehen, aber dann haben wir uns wiedergetroffen und uns wieder getrennt, vielleicht für weitere tausend Jahre, doch dabei werden wir immer *Nahestehende* sein. Unsere *Kraftkerne* haben sich nie getrennt. Wie zwei Magnete haben sie uns zu diesem Zeitpunkt und an diesem Ort zusammengeführt. Dieses kurze Zusammentreffen hat uns mit *Kraft* erfüllt. Und das war's."

"Verstehe", sagte Witalij wieder nachdenklich, "ein Kennenlernen und ein anschließendes Essen hätte alles verderben können."

"Genau", kicherte ich, "die *Jäger* genießen andere Dinge als die *Mangen*. Möglicherweise werde ich diese Frau nie wieder treffen, aber das ist auch nicht wichtig. Dafür weiß ich jetzt, dass es sie gibt. Jetzt spüre ich sie. Genau wie auch Hunderte andere *Nahestehende*, deren Herzen mit meinem im Einklang schlagen. Genau das ist echte Freundschaft, ungetrübt von den Gewohnheiten der *Mangen*. Es ist völlig ausreichend zu wissen, dass dein *Freund* irgendwo existiert, es ist ausreichend, ihn in diesem endlosen *Kraftfeld* zu spüren."

Witalij wollte etwas fragen, konnte sich aber nicht dazu durchringen. Ich lehnte mich nach vorne und klopfte ihm mit der Hand auf die Schulter.

"Du kannst mich fragen, was immer du möchtest. Schließlich hast du mir heute das Leben gerettet."

Tabo lachte und sagte schließlich:

"Kam, ich habe alles verstanden, was du mir gesagt hast. Aber kann ich dir eine kleine *Mangen*-Frage stellen?"

"Alles, was du möchtest! Heute, hier an diesem See, bin ich bereit, alle deine Fragen zu beantworten."

"Weißt du noch, wie du gesagt hast, dass dein *Beschützer* zu mir gekommen ist?"

Ich nickte.

"Du hast auch gesagt, dass so etwas nur sehr selten vorkommt. Meinst du, ich könnte ein *Jäger* werden? Nicht einfach nur jemand, der eure Philosophie verbreitet, sondern wirklich einer von euch? Wir sind ja schließlich nicht zufällig an diesem Ort gelandet, das spüre ich."

Ich musterte meinen Gefährten aufmerksam.

"Was spürst du noch?"

Etwas verwundert hörte Tabo in sich hinein.

"Hm ... eigentlich ... nichts Besonderes. Ich habe einfach das Gefühl, dass ich jetzt zu Hause bin. Ich fühle mich hier sehr wohl. Außerdem habe ich den Eindruck, dass ich mit dir und deinen *Lehrmeistern* irgendwie tiefer verbunden bin."

Wieder verschob ich meine Wahrnehmung. Um das zu tun, musste man nur den Körper "einschalten" und den Blick etwas verschwimmen lassen. Und schon wurden die vagen Silhouetten sichtbar, die im Kreis ums Feuer saßen. Schon seit unserer Ankunft waren wir nicht allein hier gewesen, ich hatte es einfach nur spät bemerkt. Man hatte uns erwartet. So saßen auch jetzt diejenigen in den *Lichtschatten* ums Feuer, die immer in der Nähe sind: die *Jäger*, die *Taishin*, die *Seher*. Ich stand auf, Witalij folgte mir. Ich zeigte in Richtung des Pfades, auf dem wir gekommen waren.

"Wir befinden uns gerade an einer *Kreuzung*. Dort ist der Weg, der zurückführt. Morgen früh wirst du eine Entscheidung treffen müssen. Solltest du dich dafür entscheiden, in deine Welt zurückzukehren, dann musst du da lang. Du kannst dich nicht verlaufen und in drei Tagen wirst du schon die Straße erreichen. Von dort aus trampst du nach Gorno-Altaisk, wo du dann ein Flugzeug nach Moskau nimmst. In diesem Fall wirst du dir selbst deine neue *Welt* aufbauen müssen, basierend auf den *Gaben*, die du auf dieser *Expedition* erhalten hast."

"Und was ist mit dir? Wirst du nicht zurückgehen?"

"Nein. Ich habe hier noch etwas zu erledigen. Dort", ich zeigte in die andere Richtung, "gibt es noch einen Pfad. Er führt weiter nach oben in die Berge. Morgen früh beim Sonnenaufgang werde ich dorthin gehen. Solltest du dich auch dafür entscheiden, kannst du mit mir kommen. Dann wirst du Teil meines *Jäger*-Rudels und wir werden gemeinsam *jagen*."

Ich blickte in die *Lichtschatten* zu Bork, der zwischen uns beiden saß.

"Diese Möglichkeit hat dir mein *Beschützer* eröffnet, da er uns verbunden hat. Das ist aber nur eine der Möglichkeiten, die dir zur *Auswahl* stehen."

Witalij schaute in Richtung des Pfades, der von hier aus nicht zu sehen war.

"Heißt das, es gibt noch andere Möglichkeiten?"

"Eine ganze Menge", lächelte ich, "ich zeige dir nur ein paar offensichtliche auf."

"Und wenn ich ... mit dir gehe, werde ich dann jemanden von den *Jägern* treffen? Jemanden, von dem du mir schon erzählt hast?"

"Das weiß ich nicht. Möglich ist es. Aber ich habe mein eigenes Rudel. Wir sind *städtische Jäger*. Wir sind ein anderer Zyklus. In dieser Welt begegnen sich unsere Rudel nur äußerst selten."

Witalij nickte verständnisvoll, doch ich konnte auch etwas Enttäuschung bei ihm sehen. Ich schaute durch die *Lichtschatten* zu den vertrauten Silhouetten, die man mit den Augen gar nicht wirklich sehen konnte, vielmehr spürte ich sie auf der Wahrnehmungsebene. Obwohl in der materiellen Welt niemand zu sehen war, wusste ich genau, dass auch einige von denen anwesend waren, die sich zwischen den Welten hin- und herbewegen konnten.

"Es gibt noch eine andere Möglichkeit."

Ich konnte deutlich sehen, dass Witalij etwas spürte. Sein Bewusstsein bemerkte zwar niemanden, aber sein Körper nahm bestimmt wahr, dass jemand anwesend war.

"Welche?"

"Du kannst noch einen Tag alleine hierbleiben."

"Und was dann?"

"Weiß ich nicht. Aber ich kann mit hoher Wahrscheinlichkeit sagen, dass dich jemand hier treffen wird. Ich glaube, ich weiß sogar, wer."

Tabo schaute mich verwundert an.

"Wie läuft das alles bei euch? Heißt das, sie werden mich holen kommen?"

Ich setzte mich wieder auf die Matte.

"Verstehst du nicht? Sie waren immer bei uns. Von Anfang an. Sie sind auch jetzt gerade hier."

Vorsichtig schaute Tabo sich nach allen Seiten hin um.

Tabo setzte sich hin, aber seine ganze Haltung verriet deutliche Anspannung. Die Vorstellung, dass sich jemand bei uns befinden könnte - jemand Unsichtbares - war ihm unangenehm. Wieder saßen wir eine Zeit lang schweigend da. Mehrmals schaute sich Witalij heimlich um. Dann sagte er langsam:

"Weißt du, Kam, ich weiß nicht, wie ich mich morgen entscheiden werde."

Ich konnte ihn gut verstehen. Ich hatte mich seinerzeit in genau derselben Situation befunden.

"Keine Eile. Deshalb hast du bis morgen Zeit. Du bist ohnehin schon einer von uns, egal, wofür du dich entscheiden wirst."

Witalij war wieder zögerlich. Fragend nickte ich ihm zu:

"Frag nur."

"Du meintest ja, dass du mir heute jede Frage beantworten würdest?"

"Jede. Nutze diesen Moment."

"Deine *Expedition* ist also noch nicht zu Ende? Für den Fall, dass ich morgen nicht mit dir gehen werde, verrätst du mir, wohin du gehen wirst?"

Ich schaute auf den Felsen auf der anderen Uferseite und dabei tauchte in meiner Erinnerung wieder das Bild der *dunklen*

Welle auf, ich sah sie direkt aus dem Felsen herauskommen. Nach meinem inneren Gefühl zu urteilen, würde bald ihre kleine Schwester, die zweite *Welle*, erscheinen, die erst vor kurzem entstanden war. Die Entstehung einer *Multiwelle* bedeutete, dass sich um uns eine Menge Energie angesammelt hat, die verarbeitet werden muss.

"Ich verrate es dir. Auch wenn sich die Menschheit momentan in einer so verzerrten Form befindet, hat sie dennoch ein gewaltiges Potenzial. Es schläft nur, ist vom dunklen Virus unterdrückt. Die wichtigste Aufgabe unserer Zeit ist es, dieses Potenzial zu entfalten. Nach dem ENERHOM-Prinzip wird dieses Potenzial, sobald es einmal geweckt ist und eine gewisse *Kraft* erlangt hat, eine Kettenreaktion des weiteren Erwachens auslösen."

Ich nickte zum See, der sich vor uns erstreckte.

"Meine *Jagd* besteht jetzt darin, noch weitere solcher *Orte*, solche *Arkole*, zu finden, die diesen Prozess verstärken können. In der Stadt besteht meine *Jagd* darin, in den Leuten MIT-GE-FÜHL zu erwecken, worüber sie miteinander die DSHAKSIN-Energie teilen können – uneigennützige Liebe ohne Verpflichtungen und Bedingungen, rein, aufrichtig, *tief*. Ich bin mir sicher, dass sich diese Prozesse mit der Zeit vereinen werden und dann ..."

Gespannt wartete Witalij, bis ich weitersprach.

"Indem wir unsere *Kraftkerne* öffnen, füllen wir das in uns auf, was die Inder *Prem Sagar* nennen – den *Ozean der Liebe*. Dieser Prozess wird mit der Zeit eine neue Reaktion auslösen, die *helle Welle*, die immer stärker werden und früher oder später die *dunkle Welle* ausgleichen wird."

"Was, wenn sie sie nicht ausgleicht? Wird die *dunkle Welle* diese Welt auslöschen?"

"Sie wird die Welt der *Mangysen*, die von der dunklen Energie erfüllt ist, auslöschen. Wenn die Leute begreifen, dass sie an einer tödlichen Krankheit leiden, und sie es schaffen, sich von dieser *dunklen Welt* loszulösen, dann wird die *Welle* sie befreien. Die *helle Welle* wird Prozesse der Erneuerung in Gang setzen, neue Beziehungen aufbauen und in die Gesellschaft eine neue Energie einfließen lassen. Der *weiße* und der *schwarze Wolf*. Sie werden diese Realität umformatieren, und jeder von uns wird seine *Wahl* treffen, wie er sich darin einfügt."

Nachdenklich schaute Witalij wieder zu dem Pfad, den ich morgen früh in die Berge hinauf nehmen würde. Dann blickte er zum Pfad, der zur Stadt führte. Ich kam seiner Frage zuvor:

"Das Erwachen der *hellen Welle* ist nicht vom Ort abhängig, es hängt davon ab, wie schnell in den Leuten die vergessene Menschlichkeit zu erwachen beginnt. Dafür ist es wichtig, dass wir alle das Allerbeste in uns zum Vorschein bringen, ganz egal, an welchem Ort wir uns befinden, manch einer ist in der Stadt, na ja und manch einer eben in den Bergen."

"Wie Dante Alighieri sagte: 'Die heißesten Ecken in der Hölle sind für jene reserviert, die in Zeiten großer moralischer Krisen ihre Neutralität bewahren[26]'", murmelte Witalij.

"Ja, aber das MIT-GEFÜHL, das eine uns angeborene Eigenschaft ist, besitzt die erstaunliche Fähigkeit, unser inneres Feuer auf andere zu übertragen und ihre *Kraftkerne* zu entfachen. Sogar bei denjenigen, die sich schon fast in etwas völlig Fremdartiges verwandelt haben. Aber damit dies geschehen kann, müssen wir mit der *Metanoia* beginnen, und wir müssen unsere Einstellung zur Welt der *Kinder* überdenken. Denn schließlich sind gerade diese *Glühwürmchen* dazu in der Lage, uns wieder zum Leben zu erwecken. Und je mehr es davon gibt, kleine und erwachsene, desto heller werden sie leuchten. Und umso schneller wird die *helle Welle* entstehen und damit beginnen, um die Erde zu ziehen."

Mit einem Stock schob ich die Kohlen hin und her. Ein Schleier aus blutroten Funken stieg in die Luft empor. Wir schauten

---

26 Zitat frei übersetzt, Anm. d. Übers.

zu, wie sie tanzend nach oben flogen, wie sich die Flämmchen mit den leuchtenden Sternen am abendlichen Himmelszelt vermischten.

"Unsere ELTERN werden immer mehr Leuchtfeuer in der stockdunklen Nacht, die unseren Planeten bedeckt hat, sehen und ganz sicher auf unseren Ruf reagieren. Denn *Eltern* werden ihre Kinder niemals im Stich lassen. Niemals. Sie werden uns immer finden, ganz gleich in welcher Finsternis wir uns befinden."

Wir standen da und starrten in den schimmernden Nachthimmel. Die Sterne schienen ihr Licht förmlich aus der grenzenlosen *Leere* heraus auf den blauen, winzigen Planeten zu schütten.

Und das Gefühl des Fliegens.

Und Begeisterung. Freiheit ...

Unsichtbare *Arme* fangen uns in der Luft auf und schaukeln uns wie in einer riesigen Wiege, heben uns nach oben zum *ewigen blauen Himmel* über dem Altai.

Wir möchten weinen und lachen zugleich ...

Wir würden alles tun, damit diese *Arme* uns nie wieder loslassen ...

Die stärksten und gutmütigsten *Arme* der Welt ...

Alle Informationen
finden Sie hier:

www.korobeishchikov.com

Über den Autor

Andrej W. Korobeishchikov ist ein in Sibirien und im Altai berühmter Schriftsteller. Er ist Spezialist dafür, die verborgenen Fähigkeiten des Menschen an die Oberfläche zu bringen. Zwölf Jahre lang war der Autor tief in die Tradition der Sibirischen Jagd eingetaucht und hat die Philosophie und die praktischen Fertigkeiten der TAI-SHIN Jäger-Krieger erlernt. Nachdem er in die Gesellschaft zurückgekehrt war, gründete Korobeishchikov die sogenannte "Gorodskaja Ochota" (dt.: "Städtische Jagd"), ein System, in welchem er das enorme Wissen, das er in der Taiga im Altai erworben hatte, an das moderne städtische Leben angepasst hat. Indem der Autor seine mystischen Erfahrungen mit seinem beruflichen Wissen als Informationsanalyst vereint, untersucht er die Schattenseiten der modernen Gesellschaft und enthüllt schockierende Fakten einer fatalen Abhängigkeit der Bürger.

Aus Andrej Korobeishchikovs schöpferischer Tätigkeit sind bis jetzt 28 Bücher hervorgegangen, die zum einen die Existenz einer Parallelzivilisation unter uns offenlegen und zum anderen praktische Empfehlungen beinhalten, die es dem Menschen ermöglichen, seine Identität zu bewahren.

www.korobeishchikov.com

Weiterführende Informationen zu
Büchern, Autoren und den Aktivitäten
des Silberschnur Verlages erhalten Sie unter:
www.silberschnur.de

Natürlich können Sie uns auch gerne den
Antwort-Coupon aus dem beiliegenden
Lesezeichenflyer zusenden.

Ihr Interesse wird belohnt!

240 Seiten, broschiert
ISBN 978-3-89845-678-4
€ [D] 18,00

Andrej Korobeishchikov
Metanoia – Der Weg der Seher
Überwinde die Grenzen deiner Realität

Der Autor offenbart uns die Welt hinter der Welt und enthüllt Stereotypen der Gesellschaft mit einem Trainingsprogramm, durch das wir diese andere Welt sehen und verstehen können. Als Jäger-Schamane der Taiga beschreitet er den Weg des Sehers. Durch den Eintritt in ein neues Raum-Zeit-Gefüge, entdeckt man eine Parallelzivilisation und eine Welt, die unseren Alltag mit ungeahnten Kräften beeinflusst. Die mystischen Erfahrungen des Autors werden in das moderne Leben eingebunden und es beginnt eine Suche nach dem Höchsten Geist und dem verlorenen Zuhause durch die Schattenseiten der modernen Gesellschaft.

320 Seiten, gebunden
ISBN 978-3-89845-113-0
€ [D] 21,90

Johannes von Buttlar & Trutz Hardo
Supersurfing – Reisen durch Raum und Zeit

Dies ist das erste zusammenfassende Buch, das dem Leser die Technik vermittelt, wie man sowohl Reisen außerhalb seines Körpers in die Nähe und Ferne als auch Zeitreisen in die verschiedensten vergangenen und zukünftigen Leben erfolgreich durchführt. Reisen durch Raum und Zeit bedeutet Aufbruch ins holistische Zeitalter.
Erweitern Sie Ihre Erlebnisgrenzen. Dieses Buch gibt Ihnen die Praxis in die Hand, wie Sie die Grenzen von Zeit und Raum durchbrechen können, um die aufregendsten Abenteuer gefahrlos erleben zu können.

208 Seiten, gebunden
ISBN 978-3-89845-123-9
€ [D] 14,90

Wladimir Megre
Anastasia – Neue Zivilisation

Mit Bildern aus der Vergangenheit zeigt Anastasia, wie auch wir uns heute durch eine gesunde Ernährungsweise die Grundlage für ein langes, erfülltes Leben schaffen können. Sie weist in diesem Zusammenhang auf den dämonischen Ursprung diverser Ideen und Phänomene hin, die unsere Gesellschaft in zunehmendem Maße prägen und in eine gefährliche Sackgasse führen. Der Same für eine individuelle und kollektive Wende zum Guten liegt in der Rückbesinnung auf natürliche Werte. Anastasias starke Zukunftsvisionen malen eine blühende Zukunft für unseren Planeten und für eine neue Zivilisation, die bereits beginnt, Wurzeln zu schlagen ...

144 Seiten, mit Farbteil,
broschiert
ISBN 978-3-89845-624-1
€ [D] 12,00

Ewgenij Titow

Die Sibirische Zeder

Die »Königin der Taiga« und die Kostbarkeiten der Zedernnüsse

In diesem Ratgeber zeichnet der Autor ein umfassendes Bild der »Königin der Taiga« und beschreibt anschaulich die verschiedenen Arten, das breite Spektrum an heilenden Wirkungen in den Nüssen, den Nadeln, dem Harz, dem Holz und den ätherischen Ölen und originelle Landschaftsgestaltungen mit der Zeder. So macht er Lust darauf, die majestätischen Bäume auch im eigenen Garten anzusiedeln.

Ein umfangreiches, lehrreiches und auf dem deutschen Markt einzigartiges Kompendium über die »Königin der Taiga«.

240 Seiten, gebunden, mit abgerundeten Ecken
ISBN 978-3-89845-569-5
€ [D] 16,95

Vadim Zeland

TransSurfing to go

Vadim Zeland zeigt Ihnen, wie Sie sich endlich das Leben formen können, das Sie schon immer führen wollten.

Falls Sie es wagen, den Rahmen des scheinbar feststehenden Algorithmus »Denke wie alle – handle wie alle – sei wie alle« zu verlassen, werden sich Ihre Möglichkeiten und Chancen weit über die Grenzen des für alle anderen Erreichbaren hinaus ausdehnen! In »TransSurfing to go« fasst der Erfolgsautor alle relevanten Prinzipien der Methode kompakt zusammen und hilft Ihnen, sie zur richtigen Zeit zu verwenden.

Einfach zu lesen – einfach anzuwenden.

240 Seiten, broschiert
ISBN 978-3-89845-354-7
€ [D] 14,90

Alexander Sviyash

Ab heute bin ich Glückskind

Leben ist das, was ich will

Haben Sie tatsächlich das, was Sie für Ihr Glück brauchen? Nein? Dabei können Sie jederzeit zu einem wahren Glückskind werden und alles haben, was Sie sich wünschen. Es kommt nur auf Sie an! Alexander Sviyash verrät, wie sich Ihr Leben selbst unter den schwierigsten Bedingungen drastisch zum Besseren wendet und wie Sie zu einem Glückskind werden. Ihre Ziele erreichen Sie zukünftig mit wenig Mühe.

Das mag wie ein Wunschtraum klingen, aber es ist eine unumstößliche Tatsache, von der Sie profitieren können, wenn Sie es nur zulassen ...

320 Seiten, gebunden
ISBN 978-3-89845-602-9
€ [D] 22,00

Peter Bahn & Heiner Gehring

Der Vril-Mythos
Geheimnisvolle Urkraft, Raumkraft & Lebensenergie

»Vril« ist die geheimnisvolle Urkraft, Raumkraft und Lebensenergie. Was ist dran an diesem »Vril-Mythos«? Dieser Frage gehen die Autoren in Form fundierter Quellenrecherche nach. Orden, Logen und Geheimgesellschaften treten immer wieder ins Blickfeld bei der Suche nach dem durchaus wahren Kern des Vril-Mythos, der u. a. in den zeitgenössischen Forschungen und Erfindungen zur freien Energie weiterlebt.

Die Autoren zeigen die verblüffenden Parallelen des Vril-Konzeptes zur Orgonomie Wilhelm Reichs und zu anderen therapeutischen und energetischen Anwendungsmöglichkeiten auf.

384 Seiten, mit Farbteil, gebunden
ISBN 978-3-89845-636-4
€ [D] ca. 28,00

Bernd Senf

Die Wiederentdeckung des Lebendigen
Die Erforschung der Lebensenergie durch Reich, Schauberger, Lakhovsky, Schmidt, Plocher, Herbert und Knapp

Die Entdeckung der Lebensenergie durch Wilhelm Reich sowie die Forschungen von Viktor Schauberger und Georges Lakhovsky ermöglichen ein grundlegendes Verständnis lebendiger Prozesse und ihrer Störungen in uns, zwischen uns und in der »äußeren« Natur sowie der Entstehung von Gewalt. Und sie zeigen Wege der inneren und äußeren Heilung.

Die Wiederentdeckung der Lebensenergie in uns eröffnet Perspektiven, die die Menschen und die Erde wieder heilen lassen.

336 Seiten, gebunden
ISBN 978-3-930243-72-3
€ [D] 19,95

Heide Adam & Hermann Schnabl

Die Wunschmaschine
Wie Geist Materie beeinflußt

Ist es möglich, Materie mit Mitteln des Geistes zu beeinflussen, und kann dies wissenschaftlich bestätigt werden? Die beiden Autoren erforschen die Bewusstseinstechnologie Radionik, bei der über eine Maschine Einfluss auf die Realität genommen wird – auf Gesundheit oder Leistung von Personen, auf den Erfolg von Unternehmen und auf vieles mehr. Sie führen eine Reihe von Experimenten dazu durch, jedes spannender und faszinierender als das vorhergehende, bis zum letzten mit einem ebenso erstaunlichen wie beeindruckenden Ergebnis.

144 Seiten, broschiert
ISBN 978-3-930243-68-6
€ [D] 14,95

Douglas Harding
Die Entdeckung der Kopflosigkeit
Einfach sehen, wer ich wirklich bin

Douglas Harding lehrt uns, zu sehen wie die Mystiker, Erlerntes beiseite zu schieben und auf intelligent-naive Weise das wahrzunehmen, was von unserem Standpunkt aus wirklich da ist. Er nutzt die Beobachtungsmethode der Wissenschaft, um zur eigenen zentralen Identität zu finden. Gleichzeitig überprüft er die Behauptung der großen Mystiker der Welt, dass unsere wahre Identität Gott ist, Buddha-Natur, das eine Selbst in allen Wesen.

403 Seiten, gebunden
ISBN 978-3-930243-01-3
€ [D] 22,90

Margret Cheney
Nikola Tesla – Erfinder, Magier, Prophet
Über ein außergewöhnliches Genie und seine revolutionären Entdeckungen

Das Buch berichtet ausführlich über Leben und Werk von Nikola Tesla (1856-1943), der vielfach als »der größte Erfinder aller Zeiten« bezeichnet wurde. Als Entdecker der »Freien Energie« ist er für einige fast zu einem Mythos geworden. Margaret Cheney zeichnet nicht nur sehr lebendig und kompetent das Portrait einer zweifellos exzentrischen, schillernden und nahezu übernatürlich begabten Persönlichkeit; sie beschreibt auch ein Stück spannender Zeit- und Wissenschaftsgeschichte.

240 Seiten, gebunden
ISBN 978-3-89845-517-6
€ [D] 19,95

Wilhelm Mohorn
Raumenergie – das decodierte Rätsel
Neue Energiequellen zum Nulltarif

Wilhelm Mohorn erläutert eine der faszinierendsten Entdeckungen auf dem Energiesektor: die Raumenergie, die alte Energien ablösen und eine neue Energie-Ära einläuten kann. Sie ist unerschöpflich, umweltfreundlich, ungefährlich und kann kostenfrei genutzt werden.
Er erklärt die konkrete Anwendung der Raumenergie und zeigt, dass jeder bereits heute von dieser Energie-Revolution profitieren und sich diese neue Energiequelle zum Nulltarif zunutze machen kann.

Andrej Korobeishchikov

Metanoia 2 – Magische Kosmos-Geometrie